LE
A
TAUREAU
BANNAL
DE
PARIS.

COLOGNE.

Chez PIERRE MARTEAU.

M. D. CC. XII.

LE

TAUREAU

BANNAL

DE

PARIS.

L A Maiſon de la Bau-
me a toujours paſſé
pour une Maiſon
ſi Illuſtre parmi
ceux qui ſe piquent de connoître
les bonnes Maiſons, qu'on peut
dire qu'elle tient le premier
rang parmi la Nobleſſe. Elle
a eu des Maréchaux de France il
y a pluſieurs ſiecles, & quoi que
 depuis

depuis ce temps-là elle n'en a rien
produit qui ait fait tant de pro-
grès dans les armées ; elle a eu
neanmoins des réjettons qui ont
fait du bruit dans le monde. Elle compte plusieurs Officiers-
Generaux dans les troupes, plusieurs Lieutenants - Generaux
de Province, des Chevaliers des
Ordres du Roi, des Prelats, &
enfin tout ce qui a coutume de
rendre une Maison Illustre.
Le dernier mort avoit même
deux de ces qualités tout ensemble, je veux dire qu'il étoit
Cordon bleu, & Lieutenant de
Roi de Bresse, petite Province
située au delà de la Saone, &
qui a été incorporée à la Cou-
ronne par l'échange qui en fut
faite par le Duc de Savoie avec
Henri quatre de glorieuse memoire grand pere du Roi d'aujourdhui, qui lui ceda le Marquisat de Saluces.

La

La Maison de la Baume est originaire de la Bresse, où est située la Comté de Monrevel, grande terre dont les aînés ont toujours porté le nom. Elle y a possédé outre cela quantité de Seigneuries, mais par succession de temps tous ces grands biens sont passés dans d'autres Maisons. Le dernier mort c'est-à-dire celui qui étoit Lieutenant de Roi de Bresse & Chevalier des Ordres du Roi, aiant toujours aimé les plaisirs à achevé de ruiner la Maison, dont avant que de mourir il a eu le deplaisir de voir sortir le Marquisat de Savigni, terre à quatre lieues de Paris de vingt mille livres de rente. La Maison de Vins de Provence qui plaidoit contre la sienne depuis un siecle pour raison de ce Marquisat, trouvant en lui un homme qui oublioit les affaires pour faire la

de-

découverte d'une petite grifette, s'est servie de la conjonctu-
re pour appuïer son bon droit ;
par ce moien elle est entrée en
possession de cette belle terre : ce
qui a tellement incommodé sa
Maison qu'elle n'est plus aujourdhui ce qu'elle a été autrefois.

Le Lieutenant de Roi de
Bresse avoit deux enfans, l'aîné mourut avant son pere &
laissa un fils dont il sera parlé ci-
aprés. Le cadet est un homme
d'esprit & de merite ; mais tellement denué des biens de fortune, qu'il ne faut pas s'étonner
s'il a mis tout en usage pour en
avoir. Une marque de son
esprit, c'est que d'abord que son
frere fut mort, il fit tout son possible pour obliger son pere à lui
donner la servivance de sa charge de Lieutenant de Roi de
Bresse, qui selon le droit de nature

ture devoit paſſer au fils de ſon frere; & comme l'agrement de la Cour étoit neceſſaire pour cela, il commença à ſonger à y faire des amis & des patrons, afin de les pouvoir emploier. Il trouva pendant quelque tems de l'obſtacle dans l'eſprit de ſon pere, non qu'il eut envie d'avancer ſon petit fils à ſon prejudice, mais parce que croiant vivre éternellement, il regardoit ſa charge comme une choſe dont il pourroit avoir cinquante mille écus quand il voudroit, & dont il ne pourroit plus diſpoſer s'il en donnoit une fois la ſurvivance. Or n'aiant pu venir à bout de cette difficulté il ſongea à pouſſer ſa fortune par un autre endroit, & un de ſes amis lui aiant conſeillé de s'attacher à Monſieur frere du Roi, il le crut aſſés legérement; en quoi l'on peut dire qu'il ne fit pas trop

A 4　　bien.

bien, puis qu'il devoit sçavoir
qu'il ne pouvoit faire plus mal
sa cour à sa Majesté qu'en prenant ce parti.

C'étoit dequoi tout ce qu'il y
avoit de gens en France, lesquels avoient un peu de jugement, étoient persuadés, aussi
on ne voioit point auprés de
Monsieur, à la reserve de deux
ou trois miserables Cadets, aucune personne de condition.
Encore n'y seroient ils pas restés
s'ils eussent eu la moindre ambition, car le Roi s'étoit declaré
si formellement là-dessus, qu'il
n'y avoit que ceux qui vouloient
bien l'ignorer qui ne le sussent
pas. Monsieur, à qui il n'étoit
pas ordinaire de se voir faire la
cour par un homme de la qualité & du merite du Comte de
Montreuel, le receut à bras ou-
verts, & comme il avoit disposé
des principales charges de sa

Maison en faveur de ceux qui lui avoient offert leurs services auparavant, & que celles dont il pouvoit alors le favoriser étoient au-dessous de lui, il le pria de prendre son Regiment de Cavallerie, a la tête de qui un homme de qualité se pouvoit mettre, puis que quelque petite que soit une charge de guerre, elle ne fait jamais de honte à celui qui la possede. Monsieur adjouta à ce present, une pension telle qu'il étoit en etat de la donner, car le Roi qui dans sa minorité avoit éprouvé combien il est dangereux d'avoir des Princes du Sang qui aient le moien de faire des creatures, ne lui avoit accordé que le necessaire, tellement que ce qu'il pouvoit donner étoit si peu de chose qu'il n'en devoit pas avoir de jalousie.

D'abord que le Comte de

Monreuel parut chez Monsieur les Courtisans de ce Prince en furent aussi affligés que la Cour de la Princesse sa femme en fut rejouië. Il sembla aux uns qu'il les alloit obscurcir, & aux autres qu'il alloit introduire dans la maison la galanterie, qui n'y regnoit pas beaucoup, du moins dans la Cour de Monsieur, dont tous les Courtisans avoient la reputation de rechercher des plaisirs qui ne sont pas trop honêtes à nommer.

Devant que de passer plus avant il faut que je rapporte deux choses, la premiere comment étoit fait le Comte de Monreuel, la seconde comment se gouvernoit la Cour de Monsieur. Le Comte de Monreuel étoit un homme de bonne mine, beau de visage, mais de ces beautés qui plaisent également à tout le monde, un teint de santé, fanté, du feu dans les yeux qui faifoit voir qu'il avoit de l'efprit fans qu'il fut obligé de parler. D'une taille raifonnable, mais qui tiroit un peu fur l'embonpoint. Ce fut la feule chofe que fes envieux publierent contre lui dès qu'il parut dans cette Cour, mais comme les Dames les mieux fenfées fçavent que ces fortes de tailles font propres à bien des chofes, il arriva qu'ils le firent eftimer par l'endroit qu'ils croioient le detruire.

Voila à l'égard du Comte de Monreuel. Pour ce qui eft de la Cour de Mr. le Chevalier de Lorraine, y étoit le tout puiffant, il avoit pris un tel empire fur l'efprit de ce Prince que toutes les graces ne couloient que par fon canal. Il y avoit un autre favori qui étoit le Chevalier de Chaftillon, il étoit beaucoup mieux fait que le Che-

valier

valier de Lorraine, & plusieurs
qui ne pouvoient souffrir celui-
ci, à cause qu'il s'en faisoit
beaucoup accroire, tâchoient de
faire enforte que Monsieur prit
l'autre en amitié, mais le Chevalier de Chastillon étant devenu
tout aussi glorieux que lui, on
laissa faire les choses à Monsieur
selon son inclination, & comme
elle le portoit à son premier favori, sa faveur fut aussi grande
qu'elle l'etoit auparavant. A l'é-
gard de la Cour de Madame elle
etoit plus fertile en hommes
qu'en femmes. Son merite & sa
beauté faisoient que les femmes
lui portoient envie, c'est pourquoi elles fuïoient un endroit où
elles avoiét continuellement devant les yeux un objet qui les faisoit crever de depit. Pour ce qui
est des hommes, comme il n'y a
rien qui les attire davantage que
les belles qualités dont Madame
etoit

étoit pourveuë, la Cour étoit
remplie de tout ce qu'il y avoit
de jeuneſſe de merite, on y diſoit les bons mots, & Madame
qui aimoit à rire, & qui n'étoit
point ſcrupuleuſe, y répondoit
avec tant d'eſprit qu'on étoit
perſuadé tous les jours de plus
en plus qu'il n'y avoit point de
perſonne plus ſpirituelle.

Monſieur l'avoit aimée autrefois avec beaucoup de paſſion,
mais le degoût qui eſt attaché
aux faveurs qu'on obtient quand
on veut & ſans peine, avoit
tellement étient ſes ardeurs qu'il
n'en reſtoit aucune étincelle.
Cette Princeſſe qui ſe ſentoit un
merite infini, s'upportoit impa-
tiement ſes mepris, qu'elle attribuoit aux méchants conſeils du
Chevalier de Lorraine, &
comme il en étoit quelque choſe, & qu'elle en avoit des marques journellement, elle s'en

étoit plainte au Roi plufieurs
fois, qui en avoit parlé à Monfieur fans aucun fruit. Le Chevalier de Lorraine, que le Roi regardoit de mauvais œuil depuis
cela , croiant que Madame
étoit pouffée par quelqu'un à
faire ce qu'elle faifoit, s'avifa
alors de mettre auprés d'elle la
Princeffe de Monaco, Dame qui
étoit tout-à-fait dans fes inte-
rêts , afin de prendre garde à
ceux qui approcheroient de fa
perfonne. Le Roi qu'il étoit
neceffaire de confulter là-deffus,
parce qu'il falloit donner une
qualité à cette Princeffe qui la
diftinguat des autres Dames de
cette Cour, y donna les mains,
fans prendre garde tout habile
qu'il étoit que le but de cette
priere, étoit d'avoir une furveil-
lante auprés de Madame. La
Princeffe de Monaco fut donc
inftallée au Palais Roial en qualité

lité de Surintendante de la Maison de cette Princesse, qualité qui lui fut donnée à l'exemple de celle qu'avoit la Comtesse de Soissons chez la Reine.

Madame la receut fort agreablement, non tant en consideration de sa naissance & de celle de son mari, qui étoient des plus illustres dans le Roiaume, que de sa personne, qui étoit tout-à-fait galante. Elle s'imagina qu'une telle personne étoit capable de donner du lustre à sa Cour, ainsi elle lui fit si bonne mine, que toutes les autres Dames en eurent de la jalousie. Mais s'étant appercuë bien-tôt de quelle main elle étoit mise chez elle, & à quelle intention, elle commença à changer de conduite, en quoi elle fit fort sagement.

Tel étoit l'état de la Maison de Monsieur & de Madame lors que

que le Comte de Monreuel
commença à augmenter le nombre de ſes Courtiſans. Les
hommes en furent jaloux, & ſi
Monſieur avoit conſulté le
Chevalier de Lorraine, avant que
de lui donner ſon regiment, ce
n'auroit jamais été ſur lui qu'il
auroit jetté les yeux. La raiſon
eſt qu'il lui voioit mille bonnes
qualités qu'il n'avoit pas, entr'autres la bravoure, & il ap-
prehendoit qu'il ne fit ouvrir
les yeux à Monſieur ſur la mo-
leſſe dans laquelle il tâchoit de
l'entretenir. Cette crainte augmenta chaque jour, remar-
quant que Monſieur avoit de
l'eſtime & de la conſideration
pour lui : qui plus eſt le Comte
de Monreuel ne fit pas comme
les autres Courtiſans de la Cour
de Monſieur, qui étoient tous les
matins au lever de ce favori pour
lui rendre conte de la moindre

paroîle qu'avoit dit leur maître.
Le Comte qui n'en connoiſſoit
point d'autre que Monſieur ſe
mocquoit de ces baſſeſſes dont il
faiſoit de bons contes par tout ;
ce qui étant rapporté au Chevalier, ce fut à lui à juger qu'un
homme qui le ménageoit ſi peu
dans les commencemens, le fai-
roit encore bien moins à meſure
qu'il ſe mettroit bien dans l'eſprit de Monſieur.

Comme tout dependoit du
Chevalier dans cette Maiſon, il
mit quantité de choſes en uſage
pour empêcher que Monſieur
ne lui donnât ſon eſtime, mais
Monſieur qui commençoit à
gouter ſon eſprit ne mit pas
dans le rien les méchantes im-
preſſions qu'on lui vouloit donner, & au contraire il le traitta
ſi favorablement, que le Chevalier de Lorraine eut peur qu'il
ne le ſupplantât tout-à-fait.

Une

Une chose qui donna encore beaucoup d'averfion pour lui à ce Chevalier, c'eft qu'il jetta les yeux fur Mademoifelle de Fienne, ragoût qu'il refervoit pour lui, & fur lequel il avoit empêché que fon maitre ne portât fon appetit, lequel avoit eu quelque envie d'en tâter, il lui avoit fait dire adroitement qu'elle avoit des deffauts épouvantables fous le linge, & la même chofe étant confirmée à ce Prince par plufieurs perfonnes, comme il étoit propre naturellement il s'en fit un tel degoût que c'en fut affés pour l'empêcher d'y penfer de fa vie. Par ce moien le Chevalier auroit refté le patron tout feul, fi Monreuel à qui il voulut faire faire les mêmes contes, n'eut eu la curiofité de s'en éclaircir lui-même par fes propres yeux. Et de fait comme il étoit habile, il jugea bien pour-

pourquoi on lui vouloit donner tous ces degoûts, ce qui n'étoit pas bien difficile auffi à penetrer, puis que fi la Demoifelle eut eu les défauts qu'on lui imputoit, le Chevalier n'eut pas eu pour elle l'attache qu'il faifoit voir aux yeux de tout le monde.

Un attentât de cette nature aiant chagriné le Chevalier au point qu'il eft aifé de comprendre, il ne garda plus de mefures avec le Comte, de qui il fit dire à Monfienr tout le mal imaginable. Il ne fe put empêcher lui-même de lui en dire dans l'occafion, de forte que ce fut merveilles comment Monfieur, à qui il eft affés facile de perfuader toutes chofes, fe put défendre de tant d'artiffice. Le Chevalier voiant que fes medifances, & celles de fes flatteurs ne faifoient pas l'effet qu'il avoit efperé,

pere, voulut faire agir la
Princesse de Monaco à qui Monsieur commançoit de rendre
quelques assiduités ; mais il faut
sçavoir que le Comte de Monreuel l'avoit mise dans ses inte-
rêts, par un endroit qui lui devoit faire esperer qu'elle ne s'en
separeroit pas sitôt. Il lui
avoit témoigné de l'aimer, quoi
que dans le fonds il n'y eut que
de la debauche dans tout ce qu'il
lui en pouvoit dire. Cependant comme cette Dame avoit
un grand penchant à l'amour,
elle avoit pris ses parolles pour
des verités, & lui avoit accordé
tout ce qu'il avoit voulu.

Au reste la jeunesse du Comte
& les belles parties qu'il avoit
pour l'amour, (car comme j'ai dit
tantôt, il etoit d'une taille à plai-
re extremêment aux Dames)
aiant servi à entretenir la Princesse de Monaco dans sa pensée,
elle

elle promit au Chevalier de Lorraine beaucoup plus de choses qu'elle n'avoit envie de lui tenir. Sur les plaintes qu'il lui faifoit que le Comte vouloit faire le maître auprés de Monfieur, elle convint avec lui qu'il avoit raifon de le vouloir empêcher, & non contente de cette complaifance, elle s'engagea encore d'unir fon credit au fien pour entretenir les chofes dans l'état quelles étoient, c'eft-à-dire pour lui conferver l'Empire de la Maifon ; mais au fortir d'avec lui, elle fit part de tout au Comte de Monreüel, lequel aiant fort peu d'eftime pour le Chevalier, lui fit réponfe que s'il avoit eu jufques-là tant d'Empire fur l'efprit de Monfieur, il ne falloit pas s'en étonner ; que ce Prince n'avoit eu auprés de lui aucune perfonne de merite, qu'il ne vouloit pas dire qu'il en eut plus

que

que les autres, mais qu'à prefent qu'il y étoit, il ofoit fe promettre que les chofes n'iroient
pas comme elles avoient été par
le paffé.

Pour obliger cette Dame au
fecret, & même de concourir
avec lui à ce deffein, il lui faifoit mille careffes, & fon heureux temperament fuppleoit au
deffaut de fon amour. Ainfi le
Chevalier bien-loin de voir les
effets des promeffes de cette
Princeffe, en étoit deffervi fans
le fçavoir. Il ne pouvoit deviner d'où lui venoit ce malheur,
& tout ce qu'il fçavoit, c'eft que
bien-loin d'empêcher que le
Comte ne fit du progrés dans
l'efprit de Monfieur, il s'appercevoit tous les jours qu'il étoit
de mieux en mieux. Cependant
cela produifit une telle jaloufie
entre l'un & l'autre, qu'ils commencerent à fe donner à la veuë

de tout le monde tout le chagrin dont ils se purent aviser.

En ce temps-là la Princesse de Monaco avoit une fille auprés d'elle qui étoit sœur de l'Ecuier du Chevalier; elle étoit assés jolie, & paroissant telle aux yeux du Chevalier, il prit avec elle les mêmes plaisirs que le Comte prenoit avec sa maitresse. Cependant elle eut le malheur qui est presque inévitable à celles qui s'amusent à vouloir gouter du fruit deffendu, elle devint grosse, & d'abord qu'elle en fut assurée, elle racheta bien cher les plaisirs qu'elle avoit eus. Elle en fit part au Chevalier qui la considerant assés pour ne la pas vouloir perdre de reputation, lui conseilla de faire bonne mine à un Lieutenant des gardes de Mr. qu'il lui avoit fait pourtant chasser par jalousie. Ce Lieutenant qu'on appelle Roche-

Rocheplatte, qui est un fort
bon homme & pas grand forcier,
n'eut garde de deviner par quel
endroit, il étoit redevenu agreable, lui qu'on ne vouloit pas
souffrir auparavant. Il se ra-
doucit auprés de la belle, & elle
de son côté se deffaisant de sa
cruauté, ils furent bien-tôt si
bons amis qu'elle lui fit accroire
que c'étoit de son fait qu'elle
commençoit à se sentir incommodée, il le crut de bonne foi
d'autant plus que la belle avoit
eu recours à la coquille d'œuf,
& à quelques autres ingrediens
qui entrent dans la composi-
tion d'un certain remede mer-
veilleux pour reparer les acci-
dens causés par foiblesse humai-
ne. Il lui jura qu'il prenoit part
à son malheur. Cependant il
commença à se retirer d'elle peu
a peu, & quoi qu'il lui eut promis mariage avant que de rien

obtenir, ce fut dequoi il voulut moins se souvenir que de ses promesses.

Le Chevalier de Lorraine du consentement de qui tout s'étoit fait sçachant de quelle maniere Rocheplatte pretendoit en user, l'envoia querir, & aprés lui avoir dit que la belle avoit tout revelé à la Princesse de Monaco; comme en effet elle lui en avoit dit quelque chose, parce que cela étoit necessaire pour leurs desseins, il lui declara que cette Princesse en avoit voulu porter ses plaintes à Monsieur, mais qu'il l'en avoit empêché, esperant qu'il en useroit bien avec elle, qu'il sçavoit qu'une pareille chose, à moins que d'être adoucie étoit capable de ruiner sa fortune, qu'il avoit toujours été de ses amis, & qu'il pretendoit lui en donner des preuves en cette occasion, qu'il

 n'igno-

n'ignoroit pas combien les Princes étoient jaloux de la pureté
de leurs maisons, qu'il n'y avoit
qu'eux qui eussent le privilege
d'y faire ce que bon leur sembloit, que le seul remede qu'il
voioit donc pour lui étoit de se
marier au plûtôt, qu'il n'y devoit
pas avoir de repugnance, puis
qu'outre qu'il sçavoit bien que
la Demoiselle étoit sage lors qu'il
l'avoit connüe, elle étoit bien-
faite de la personne, & de bonne
maison. Il se mit là-dessus à lui
faire sa Genealogie, & quoi
qu'elle n'eut jamais pretendu à la
Noblesse que depuis qu'elle
avoit couché avec un Prince, &
avec un Gentilhomme, il lui fit
accroire que ses parens qui
étoient de bons Fermiers étoient
aussi bien Gentilshommes qu'aucun qui fut dans la Province.

Ce n'étoit pas de quoi s'em-
barrassoit Rocheplatte, & il
au-

auroit cru avoir aſſés de Nobleſſe pour lui, & pour elle, quoi qu'à dire vrai la ſienne ne ſoit pas des meilleures, ſi en recompenſe elle eut eu du bien pour elle & pour lui. Mais comme celui qu'elle avoit étoit mediocre, ou pour mieux dire qu'elle n'en avoit point du tout, il s'accommoda ſi mal du compliment du Chevalier de Lorraine qu'il lui fit une réponſe fort ambigue, auſſi pretendoit-li s'en degager moïennant qu'il trouvat quelqu'un qui fit ſa paix avec Monſieur, & c'eut été encore toute autre choſe, s'il eut ſu l'intrigue du Chevalier avec la Demoiſelle. Cependant il étoit fort embarraſſé comment ſortir de cette affaire, & il ſe vouloit du mal d'avoir eu tant de foibleſſe lors qu'il entra dans un nouvel embarras. Le Comte de Monreuel qui cherchoit en

toutes

toutes choses à s'oppofer aux deffeins du Chevalier de Lorraine, aiant appris de la Princeffe de Monaco une partie de ce qui fe paffoit, c'eft-à-dire que l'on attribuoit la groffeffe de la Demoifelle à Rocheplatte, & que le Chevalier s'empreffoit de la lui faire époufer; il fut trouver celui-là, & lui dit qu'il s'en donnât bien de garde, parce que le Chevalier avoit fes raifons pour en ufer comme il faifoit. Qu'il voioit la Demoifelle avant lui, & que fans cette confideration il ne prendroit pas à tache de faire faire une alliance fi honteufe de toutes façons à un Gentilhomme; qu'il fe chargeoit d'en parler à Monfieur auprés de qui il emploieroit tout fon credit pour qu'il ne lui en arrivât point de mal.

Ces promeffes raffurerent. Roche-

Rocheplatte, qui sans avoir la discretion d'en attendre l'effet commença à publier non-seulement qu'il n'épouseroit point la Demoiselle, mais encore que ce n'étoit point de lui qu'elle étoit grosse. Ce discours fâcha le Chevalier de Lorraine, & pour contrequarrer le Comte de Montreuel qui faisoit tout son possible auprés de Monsieur pour tenir la paroile qu'il lui avoit donné, il fit entendre à ce Prince que s'il ne punissoit une action comme celle-là, ses Officiers fairoient tous les jours un lieu debauche de sa Maison. Que c'étoit même une insolence pour laquelle il ne faudroit point avoir de misericorde, si ce n'est qu'il devoit considerer l'interêt d'une pauvre fille, la-quelle, outre qu'elle étoit ex-cusable par sa foiblesse qui est le partage de son sexe, avoit cru

que

que quelques avances lui fairoient trouver plutôt un mari.
Qu'il croioit donc qu'il devoit
obliger Rocheplatte à l'épouſer,
ſinon le chaſſer ſi honteuſement
de la maiſon, que ſa punition ſervit de frein à tous les autres.

Quand le Chevalier de Lorraine eut parlé de la ſorte à ce
Prince, il fut impoſſible au
Comte de Monreuel de s'ac-
quitter de la promeſſe qu'il avoit
fait à Rocheplatte, quand il en
voulut dire un mot à Monſieur,
il le trouva aigri à un point qu'il
ne le voulut jamais entendre.
Tout ce qui lui put dire, pour lui
faire entendre qu'il ne devoit
pas obliger un Gentilhomme
qui étoit à ſon ſervice depuis
long-tems à épouſer une fille qui
en avoit vû d'autres, paſſa dans
ſon eſprit pour autant de mediſance. Enfin toute la réponſe
qu'il en eut fut que Rocheplatte
de-

devoit fe preparer à l'époufer, ou à fortir de fa maifon, & comme la charge qu'il avoit faifoit toute fa fortune, ce fut une étrange alternative pour lui. Il fut fort faché alors de ce que Monreuel lui avoit fait ouvrir les yeux fur le petit commerce que le Chevalier avoit avec fa maîtreffe, dont il ne s'étoit que trop apperçu depuis. En effet le Chevalier pour fe paier des peines qu'il prenoit pour elle la faifoit venir en fecret dans fon appartement, où il effuioit les pleurs qu'elle verfoit ordinairement chez fa maîtreffe, pour faire accroire aux gens fimples & credules qu'elle étoit une pauvre fille abufée.

Cependant Rocheplatte ne fçavoit encore quel parti prendre pour accorder fon honneur & fa fortune. Mais faifant reflection qu'un homme fans bien

ne tarde gueres à devenir l'op-
probre de tout le monde, il crut
qu'il étoit de la prudence de
deux maux d'éviter le pire. Il se
dit donc, que puisque de quelque côté qu'il se put tourner il
lui étoit inévitable de devenir un
objet de mépris, il valoit encore mieux avoir du bien que de
n'en point avoir. Au lieu de la
geuserie il choisit le cocuage,
& comme il ni a rien dans le
monde à quoi un homme ne s'ac-
coutume, il soutient cela si bien
aujourdhui que ce qui lui faisoit
de la peine en ce tems-là ne lui
en fait plus maintenant. Il est le
premier à parler de sa femme,
quoi qu'il n'en devroit jamais
parler sans rougir. Il est vrai
qu'il a souhaitté qu'elle se retirât
à la campagne, mais ce qu'on
peut dire c'est qu'il a si peur
qu'on n'ait oublié la bonne fortune qu'il a euë en l'épousant,
que

que quand il revient de la voir, il n'attend pas qu'on lui en demande des nouvelles, il apprend à Monsieur & à Madame à quoi elle s'occupe chez lui, & s'il y avoit en ce païs-là des Chevaliers de Lorraine, je le crois si ingenu qu'il diroit encore ce qu'ils fairoient ensemble.

Il deplut fort au Comte de Monreuel d'avoir eu le dementi comme cela, & il commença à méprifer le fervice de Monfieur, auprés de qui il falloit emploier plûtôt la flatterie que le merite. Cependant fon principal reffentiment tomba fur le Chevalier de Lorraine, & ne croiant point le pouvoir mieux faire éclatter qu'en lui enlevant le cœur de Mademoifelle de Fienne, il s'attacha auprés de cette fille qui trouvoit merveilleufement bien fon compte à être aimée du Chevalier de Lorraine. Ce

Chevalier en avoit un enfant, &
son intrigue étoit si publique,
qu'il n'y avoit personne qui ne la
sût. Cet enfant venoit tout
ouvertement chez lui, il l'ap-
pelloit son fils , & il avoit fait
batir une Maison à la mere qui
étoit un petit bijoux ; il y alloit
tous les jours, & d'entreprendre
de la chasser de son cœur étoit
quelque chose de difficile, tant
à cause du long-tems qu'il y
avoit qu'ils s'aimoient que du
proffit quelle y trouvoit. D'ail-
lieurs il étoit à peu prés de même taille que Montreuel, c'est-
à-dire qu'il passoit pour un bon
ouvrier ; qualité qui ne deplait
pas aux Dames, & qui les rend
tout aussi fideles que pas une
autre. Mais Monreuel se fiant
en sa bonne fortune, commença à faire sa cour à sa maitresse,
& comme elle étoit du nombre
de celles qui ont grand appetit,
elle

elle lui fit toutes les caresses imaginables.

La seule difficulté qui se presenta à l'esprit de cette belle fut qu'il avoit la reputation de n'être pas trop de discret; ainsi étant bien-aise de s'en instruire par elle-même, elle le mit sur les bonnes fortunes, & feignant d'en être encore mieux instruite qu'elle n'étoit, elle tacha de le faire convenir de quelqu'une, afin que par la elle jugeât s'il y avoit de l'assurance à prendre en lui. Mais lui qui se tenoit sur ses gardes lui aiant fait réponse que la medisance étoit trop grande pour donner aucune creance à ce qu'on disoit, il la persuada si bien de sa discretion qu'elle resolut de ne le pas faire attendre davantage. Elle lui donna rendez-vous à une certaine heure qu'elle croioit être toute seule; mais le Chevalier

 de

de Lorraine qui venoit de gagner une fomme confiderable
au jeu, & qui n'étoit liberal que
dans ce tems-là l'étant alle voir,
il trouva la place prife, il ne laiffa pas que d'entrer & le Chevalier qui ne l'aimoit nulle part,
l'aimat encore moins là qu'ailleurs, il lança un regard à fa
maitreffe qui lui fit comprendre
qu'elle lui faifoit fort mal fa cour
que de le recevoir chez elle.
Comme elle étoit intereffée
& qu'elle avoit peur de perdre
un prefant à quoi elle s'attendoit, elle fit figne à Monreuel
qu'il l'obligeroit s'il vouloit s'en
aller; mais lui qui n'étoit pas
d'humeur à ceder la place à un
rival refta fi long-temps, & le
Chevalier auffi, qu'elle fut obligée de leur dire qu'ils lui donne-
roient méchante reputation s'ils
demeuroient davantage.

S'en étant ainfi allé tous deux

en même tems, le Chevalier
s'en alla tout chagrin au Pallais
Roial, pendant que le Comte
de Monreuel étant descendu de
son carosse à quatre reuës de la
s'en revint chez la belle, le nés
dans un manteau d'emprunt.
Le Suisse de l'Arsenal où étoit
logé cette belle étoit déja couché, mais Monreuel trouva
moien de se faire ouvrir, disant
que c'étoit de la part du Chevalier de Lorraine de qui il rece-
voit quelque gratification de
tems en tems. Mademoiselle de
Fienne fut fort surprise de le voir
& lui dit qu'il la vouloit perdre
de revenir à l'heure qu'il étoit,
mais lui se mettant en devoir de
la carresser plutôt que de lui répondre, il la tenta si bien que sans
lui parler du peril où il la mettoit, ils se pamerent tous deux sur
un lit de repos qu'ils trouverent
sous leur main, & ils se couche-

 rent

rent aprés cela ſans autre ceremonie.

Cependant le Chevalier de Lorraine n'avoit pas trop bien paſſé la nuit. Il connoiſſoit par experience les neceſſités de la belle, & il craignoit que Montreuel ne fut venu pour les ſoulager. La grande reputation du Cavalier le chagrinoit encore, il ſçavoit que les Dames ſont affamées de cela furieuſement, quand ce ne ſeroit que pour voir la difference qu'il y a des uns aux autres. Tout cela l'aiant fait lever plus matin qu'à l'ordinaire, il envoia chercher un caroſſe de louage, & dit au cocher de toucher droit à l'Arſenal, ſans ſe faire ſuivre ſeulement par un laquais. Y étant arrivé dans le deſſein d'entrer bruſquement chez elle, & de lui demander un éclairciſſement ſur ce qu'il avoit veu la veille, il fit reflexion à cent pas

de

de la porte, qu'il feroit mieux
de demeurer là clos & couvert,
pendant quelque temps, pour
voir s'il ne verroit point entrer
ou fortir quelqu'un. Il fut bien
deux heures à faire ainfi le pied
de grue ; mais au bout de ce
temps-là il vit fortir Monreuel
le nés dans fon manteau, tellement qu'il ne le put reconnoître, il fut tenté mille fois de
courir aprés lui pour voir qui
c'étoit, mais étant affés dupe
pour croire que ce pouvoit être
un valet, & qu'il feroit bien
d'ufer de diffimulation pour dé-
couvrir toute l'intrigue, il retourna au Pallais Roial du plus
grand fang froid du monde
s'applaudiffant en lui-même
d'être fi politique.

Il trouva le Comte de Monreuel au lever de Monfieur, &
comme le plaifir n'eft pas moins
grand de faire un amant cocu,
qu'un mari, celui-ci lui s'ourit

mais d'un rire malicieux, & qui lui fit comprendre qu'il avoit deſſein de l'inſulter. Il partit de la main pour retourner chez Mademoiſelle de Fiennes & ne s'arretant plus à la porte comme il avoit fait l'autrefois, il monta à ſa chambre, & la trouva encore endormie. Comme elle s'étoit ennivrée de plaiſir elle goutoit à long traits celui du ſommeil, tellement que rien ne manquoit à ſon contentement; mais le Chevalier qui pour avoir les yeux trop attachez ſur elle n'avoit pas encore remarqué qu'elle n'avoit pas couché toute ſeule commençant à s'en appercevoir; ah! c'en eſt trop dit il, avec ſa parolle graſſe & deſagreable, & les deux places que je trouve foulées dans ce lit me marque aſſés ton infidelité.

Mademoiſelle de Fienne, ſe reveilla en ſurſaut à ces reproches, & aiant reconnu le Chevalier

valier dont les joues aſſés rouges
ordinairement l'étoient encore
mille fois davantage, par la
colere dont il étoit animé, elle
lui demanda d'où il venoit, &
s'il étoit honête de marmotter
comme il faiſoit au chevet du lit
d'une fille. Il eſt vrai que j'ai
tort lui dit-il, & aprés les fati-
gues que vous avez euës la nuit
paſſée, je devois bien ne pas
troubler vôtre repos. Ce fut la
tout ce qu'il lui dit de plus honête, car aprés cela il lui conta
les ſept pechés mortels. Elle
ſe voulut deffendre, & lui faire
accroire qu'il étoit jaloux mal-
à-propos, mais lui montrant la
place de Monreuel qui étoit
encore toute chaude; Voilà
des preuves lui dit il de vôtre
ſale commerce; c'eſt pourquoi
convenez en ou n'en convenez
pas, je n'en croirai n'y plus n'y
moins. La pauvre fille ſe voiant

traittée

traittée de la forte, crut qu'elle
avoit une belle échapatoire, en
difant que c'étoit une de fes filles qui avoit couché avec elle,
mais le Chevalier qui n'étoit pas
dupe : Je n'en crois rien lui dit
il, mais pour ne vous pas laiffer
lieu de m'en vouloir faire accroire davantage je veux bien
prendre la peine de m'en aller
informer moi - même. En difant cela il fortit de la chambre,
& ferma la porte fur lui, depeur qu'elle ne le voulut fuivre.
En effet elle fauta du lit en même tems pour faire figne à la fille
de ne la pas faire trouver de
deux parolles ; mais aiant trouve la porte fermée elle ne put
empêcher qu'il ne lui tira les
vers du nés ; de forte qu'il revint encore plus furieux qu'auparavant. C'eft donc comme
cela lui dit-il que vous m'en voulez donner à garder, & aprés lui

avoir

avoir dit toutes fortes d'injures il s'en alla la rage dans le cœur.

Monreuel étant revenu la voir l'aprés-difnée il la trouva toute en pleurs, ce qui l'étonna d'autant plus qu'il l'avoit laiffée fort contente le matin. Il lui demanda d'où venoit un fi grand changement, & aiant appris ce qui lui étoit arrivé: Voilà bien dequoi lui dit il, comme fi au lieu de lui, vous n'en trouverez pas mille autres. Pour lui donner des marques de la verité de ce qu'il lui difoit, il fe mit à la careffer, & comme il n'y a rien qui feche davantage les pleurs, il la vit rire dans le même moment. Elle fe deffit même fi bien de toutes les mechantes penfées qui venoient troubler fon repos, qu'elle lui demanda avec une prefence d'efprit admirable, fi elle pouvoit conter tous les jours fur la même chofe

qu'elle

qu'elle lui voioit faire depuis le foir precedent.

Tant qu'il demeura auprés d'elle, elle ne fe reffouvint non plus de la querelle qu'elle avoit avec le Chevalier que fi elle n'en avoit point eu du tout. Mais dés qu'il fut forti elle fit reflexion que le plaifir eft bon à quelque chofe, mais que pour le gouter tout entier il eft bon de fçavoir où prendre dequoi avoir toutes les neceffités de la vie. Elle fongea ferieufement que Monreuel n'étoit pas en état de lui donner aucune chofe, & cette penfée le lui fit paroître moins aimable, qu'il ne lui avoit paru depuis vingt-quatre heures. Enfin craignant de perdre la penfion que le Chevalier lui donnoit, elle lui envoia fon fils le lendemain matin avec une Lettre contenant ce que voici.

Lettre

Lettre de Mademoiselle de Fiennes au Chevalier de Lorraine.

J'Ai eu honte de vous avoüer la verite, quand vous vous étes defié que quelqu'un avoit couché avec moi, il est vrai je n'ay pas couché toute seule & vous avez deviné juste; mais aussi vous vous étes trompé en une chose dont il est bon de vous desabuser. Vous croiez que c'est avec un homme, mais ce n'est qu'avec cette fille que vous m'accuses d'aimer autant que vous, je ne vous l'ay pas voulu dire d'abord, parce que vous n'en étes pas moins jaloux que vous le seriez d'un rival. Vous vous imaginez
qu'il

qu'il se passe quelque chose entre nous deux qui fait tort à l'amitié que je vous porte: Mais si vous êtes si delicat que ne venez vous me garder & jour & nuit.

Cette fille dont elle parloit donnoit effectivement de la jalousie au Chevalier, & non pas sans sujet. Car elles se voioient toutes deux avec une attache surprenante, & il les avoit même surprises plusieurs fois se faisant autant de carresses, que si c'avoit été une maitresse & un amant : aussi le bruit étoit que quand elles étoient ensemble elles faisoient tout leur possible pour prendre quelque plaisir l'une avec l'autre, à quoi cette fille étoit portée ; parce qu'elle vouloit se divertir seurement, & Mademoiselle de Fiennes parce

parce que le Chevalier ne lui
suffisoit pas, & que ce plaisir
tout imparfait qu'il étoit, lui
sembloit encore meilleur que
rien.

Cette excuse lui avoit donc
paru la meilleure du monde.
Mais le Chevalier qui avoit sur
le cœur l'homme à manteau
qu'il avoit veu sortir ne la prit
pas pour argent content, il lui
manda donc qu'outre qu'elle y
venoit trop tard il avoit des preuves en main qu'elle lui mentoit
tout de nouveau, qu'il lui en
diroit davantage une autre fois,
& que ce seroit quand il se trouveroit mieux informé. Cette
réponse ne plut pas à la Demoiselle qui craignoit que si elle tar-
doit long-temps à se raccommoder avec lui, il ne prit parti
ailleurs, ainsi montant en carrosse à l'heure même elle le fut
trouver, mais inutilement, le
Che-

Chevalier n'aiant pas voulu lui parler. Elle fut chercher de là le Comte de Monreuel pour lui dire l'interêt qu'elle avoit de le vouloir conferver, & pour le conjurer de lui vouloir garder le fecret : on lui dit à la porte qu'il n'y étoit point, mais elle crut l'entrevoir au travers d'une fenetre, & en même temps une Dame dont elle crut connoitre les traits, mais qu'elle ne fe put pas remettre dans le même moment.

Ce foupçon s'établit d'autant plus dans fon efprit qu'il y avoit une chaiffe à porteurs dans la Cour. Ainfi la jaloufie commençant à la prendre, elle oublia pourquoi elle étoit venuë là, & ne fongea plus qu'à s'éclaircir. Pour cet effet elle fit refter fon carroffe à quatre pas de là, commandant au cocher que quand la chaife fortiroit il

la

la suivit pas à pas, & d'assez
prêt pour ne la point perdre de
veuë. Elle eut quelque tems à
attendre; le Cavalier & la Dame ne s'ennuiant pas ensemble.
Mais enfin la chaise sortit sur la
brune, & aiant pris le chemin
du Pallais, la Dame paia ses porteurs & monta par la gallerie des
prisonniers. Mademoiselle de
Fiennes crut alors que c'étoit
quelque marchande, parce qu'elle étoit vétuë tout de noir, &
presque comme une femme dé-
vote. Cependant sa curiosité ne se
perdant pas pour cela, elle monta aprés elle, & aprés lui avoir
veu traverser la grand' sale, &
descendre les degrés où se met-
tent les laquais qui cherchent
condition, elle entra dans un
carosse fort propre, qu'elle perdit de veuë dans un moment.
Tout ce qu'elle put discerner à
cause qu'il étoit déja tard, fut

C

que

que le cocher & les laquais etoient vetus de rouge. Mais n'aiant point-là son carosse pour la suivre, & ne voulant pas se fier à ses jambes, elle fut obligée de borner là sa curiosité.

Cependant comme toutes les femmes sont d'une certaine humeur; qu'il n'y a rien qui leur pese davantage que le secret, elle retourna sur ses pas chez le Comte qu'on ne lui cela plus, parce qu'il avoit levé les deffenses qu'il avoit faites auparavant à son Suisse de dire qu'il étoit au logis. Elle le trouva en robe de chambre, & aprés que les laquais se furent retirés, elle lui demanda s'il vouloit lui donner à coucher. Montreuel qui venoit encore de se fatiquer ne fut pas fort aise de cette demande. Cependant comme il presumoit beaucoup de ses forces, il accepta le parti de bonne grace, lui disant

que

que comme il ne l'attendoit pas
il ne lui feroit pas si bonne chere
qu'il auroit souhaitté. Il vouloit parler du souper, mais elle
feignant de l'entendre d'une autre maniere. Je le sçais bien lui
dit elle, c'est pourquoi je ferai
tout aussi-bien de m'en retourner chez moi. Je sçais à quoi
vous vous étes occupé une partie
de l'apres-dinée.

Ce reproche fit rougir Montreuel non qu'il fut honteux de
lui-même, mais parce qu'il vouloit menager la reputation de
la Dame qui étoit une de ses
bonnes fortunes. Ce n'est pas
qu'elle fut jeune ni belle, mais
elle avoit de l'argent & du bien,
& c'étoit elle qui lui donnoit dequoi avoir ainsi un Suisse à sa
porte, & le reste de l'équipage à
proportion. Cependant comme il ne pouvoit comprendre de
qu'elle maniere elle avoit dé-

 cou-

couvert son intrigue, il prit le parti de lui nier toutes choses. Mais elle faisant semblant d'être encore mieux instruite qu'elle n'étoit, lui dit comme elle étoit faite, qu'elle étoit venuë en chaise chez lui; qu'au sortir de là elle étoit allée prendre son carosse qui l'attendoit au Pallais, qu'elle avoit des couleurs rouges & qu'enfin elle l'avoit suivie jusques à la porte de sa maison.

Tant de circonstances qui étoient veritables, lui aiant fait croire que la derniere l'étoit aussi, il fut fort embarrassé. Cependant comme il se voioit convaincu il prit le parti d'avoüer la dette, il lui avoüa donc franchement que c'étoit une amitié qu'il avoit faite par intérêt, & qu'il étoit obligé d'entretenir par la même raison. Mademoiselle de Fiennes fut fort contente de cette declaration. Ce-

Cependant comme la curiosité étoit son partage, ainsi que j'ai dit cy-dessus, elle en voulut sçavoir plus qu'il ne lui en disoit, déforte qu'elle lui demanda son nom, adjoutant qu'elle ne croiroit jamais qu'il n'eut point d'amitié pour elle, à moins que de sçavoir effectivement si elle étoit digne d'être aimée ou non. Si la curiosité étoit le partage de la Demoiselle, la discretion n'avoit jamais été trop celui du Cavalier. Mais jugeant qu'elle ne sçavoit pas son logis puisqu'elle avoit ainsi tant d'empressement de sçavoir son nom; il fut discret à ce coup là, parce qu'il avoit affaire à une Dame qui ne le lui auroit jamais pardonné, si elle eut sçû que c'eut été lui, qui eut decouvert ses affaires.

En effet elle passoit pour une vestalle dans son quartier; alloit à la grand' Messe regulierement

C 3   tous

tous les dimanches, au Sermon, & aux autres devotions de la paroiſſe ; toujours vetuë en veuve, comme elle étoit, ſans jamais jetter une œillade à droit & à gauche, comme beaucoup d'autres, & ſans parler d'autre choſe que de Dieu & de ſon menage. Cependant dans le particulier emportée juſques à l'excés ; deſorte que connoiſſant les neceſſités de ſon temperament, elle avoit crû ne pouvoir faire un meilleur choix, que de Monreuel.

Mademoiſelle de Fiennes ne fut point contente du tout de cette reſerve, & s'en étant allée un moment apres aſſés mécontente, Montreuel ne s'en ſoucia pas beaucoup, parce qu'outre qu'il avoit aſſés de pratique d'ailleurs, il avoit beſoin de repos cette nuit la. Le l'endemain matin il donna avis à la veuve par un

bil-

billet qu'on l'avoit ſuivie, mais pour adoucir le chagrin qu'elle en pouvoit avoir, il lui manda en même-tems que quoi qu'on lui eut dit pluſieurs circonſtances, par leſquelles il voioit bien qu'on ne lui donnoit pas le change, il l'aſſuroit neanmoins qu'on ne la connoiſſoit pas. Il finiſſoit ce billet par une priere qu'il lui faiſoit, de ne le pas venir voir ce jour là, parce qu'elle pouroit être reconnuë, qu'il valloit mieux remettre cette viſite à un autre jour, ou en tout cas, lui donner rendes-vous quelque part.

Par malheur pour elle, un moment avant que de recevoir ce billet, une de ſes amies l'étoit venuë voir, qui avoit juſtement veu ſortir de chez lui Mademoiſelle de Fiennes, elle le lui avoit conté comme une nouvelle dont les femmes ſont aſſés cu-

rieu-

rieuses, mais sans lui dire pourtant que c'étoit elle, parcequ'elle ne l'avoit pu discerner, mais seulement que c'étoit une femme qui en sortoit à une heure induë. Or comme il n'y a rien de si naturel que d'être jalouse, surtout quand-on aime un homme coquet, & qu'on ne se peut pas flatter d'avoir assés de merite pour fixer son choix ; elle avoit été dans une inquiétude mortelle depuis cela. Cependant cette inquiétude augmenta encore à la veuë de ce billet, elle crut que c'étoit une deffaite qu'il lui donnoit & elle se laissa si bien prévenir de cette opinion, que sans écouter tout ce que la raison lui pouvoit dire de contraire, elle fut chez lui dés qu'elle eut diné. Mademoiselle de Luennes étoit justement à quatre pas de-la dans un fiacre pour la reconnoître, & comme elle étoit

toit encore dans une chaise à
porteurs sans aucune suitte elle
laissa deux grisons en embusca-
de, avec ordre de lui rendre
bon conte quand elle sortiroit.
Les grisons eurent quelque
tems à attendre; la Dame ne
s'ennuiant pas où elle étoit. En
effet aprés quelques marques
de jalousie qu'elle lui donna,
s'étant laissée plutôt convaincre
par ses carresses que par ses parolles, le jeu lui sembla si bon
qu'elle demeura chez lui jusques
à plus d'une heure de nuit. Elle sortit aprés cela, & ce fut a-
lors que les grisons se mirent en
campagne aprés la chaise, ils la
suivirent jusques dans la cour
de derriere du Pallais Roial, où
la Dame aiant contenté ses porteurs, elle fit semblant de monter en haut chez Madame, mais
étant descendue tout d'un coup,
elle monta dans son carrosse qui

l'attendoit à la porte de devant,
du coté de la ruë saint Honore.
Les grisons qui s'étoient ca-
chés pendant qu'elle faisoit semblant de monter chez Madame,
ne la perdirent point de veuë,
& aiant passé le pont rouge a-
vec elle, ils la virent entrer
dans une maison au Fauxbourg
Saint Germain. Ils s'informe-
rent qui demeuroit-la & aiant
sçû que c'étoit la veuve du Comte de Chamilli Lieutenant Ge-
néral de l'armée du Roi, ils en
furent faire rappott à celle qui
les avoit posés en sentinelle.

Elle fut ravie de cette découverte, & comme il n'i a rien
qui donne plus de satisfaction
à une personne qui est dans la
débauche, que de pouvoir nommer quelque personne de marque qui lui ressemble, elle eut
une impatience extraordinaire
que quelqu'un la vint voir pour
lui

lui faire part de fon fecret. Le Chevalier de Lorraine vint tout-à-propos pour cela. Cependant comme ils étoient brouillés enfemble, il lui fallut attendre que l'occafion s'en prefentat : elle ne tarda gueres à venir. Le Chevalier lui aiant reproché fon infidelité, & même lui aiant nommé le Comte de Montreuel comme l'objet de fa nouvelle flamme, elle fe récria à ce reproche comme s'il lui eut fait la plus grande injuftice du monde, elle lui demanda s'il vouloit qu'elle eut le refte de la Comteffe de Chamilli, & fi elle ne meritoit pas bien d'avoir un amant à elle toute feule.

Le Chevalier qui n'avoit jamais ouï parler de cette intrigue, & qui même ne croioit pas que cela put être vrai, à caufe de l'air modefte de la Dame, &

de la reputation où elle étoit, lui
fit reponſe qu'elle pourroit bien
s'empecher de médire ainſi de
ſon prochain, & que cela ne la
juſtifioit pas. Je ne médis de perſonne lui dit-elle &je ne vous dis
rien que je ne faſſe voir, quand il
vous plaira. Ainſi ſi vous avez
à me taxer de quelque choſe,
tâchez du moins qu'il y ait plus
de vraiſemblance, ou bien perſonne ne vous croira. Le Chevalier entendant parler qu'elle le
lairoit voir, lui dit que ce ſeroit quand il lui plairoit, mais
que ne s'agiſſant pas de cela
maintenant, elle lui devoit dire
qui étoit donc l'homme à manteau qu'il avoit veu ſortir de
chez elle; elle lui fit reponſe
avec autant de fierté que ſi elle
eut été dans la bonnefoi, qu'elle ne tenoit pas regitre de tous
ceux qui entroient chez-elle ou
qui en ſortoient. Que ſes filles
pou-

pouvoient avoir quelqu'un de leur connoissance qui les étoit venu voir, & que quand elle dormoit elle ne pouvoit pas y prendre garde.

Ce fut toute la raison que le Chevalier en put avoir, mais comme il n'étoit pas la moitié si jaloux depuis qu'il avoit appris l'intrigue de Montreuel avec Madame de Chamilli, il fit sa paix avec elle, à condition qu'elle lui feroit voir ce qu'elle lui promettoit, & qu'elle ne reverroit plus, au moins si familierement, la demoiselle avec qui elle disoit avoir couché. La paix c'étant ainsi faite, le Chevalier qui ne se pouvoit lasser d'admirer l'hipocrisie de cette Dame, ne parla point d'autre chose. Mais Mademoiselle de Fiennes ne pouvant souffrir qu'il en eut encore si bonne opinion, lui demanda si c'étoit là la pre-

miere

miere fois qu'il en eut ouï parler, & s'il ne sçavoit pas qu'elle étoit de grand appetit. Elle adjouta qu'il devoit sçavoir comment le Chevalier de Grancei en avoit été amoureux, & ce qui l'avoit empeché de l'epouzer; d'où il pouvoit conclure ce qui en étoit. Le Chevalier lui fit réponse qu'il n'en avoit ouï parler que confusément; c'est pourquoi elle lui feroit plaisir de lui en faire le detail; c'est ce que je ne ferai pas lui dit-elle, parce qu'il y auroit beaucoup de choses à vous dire, du moins selon le bruit commun, & il faudroit en être mieux instruite que je ne suis pour l'entreprendre. Mais ce que je sçais c'est qu'elle étoit heritiere, & comme elle avoit du moins dix mille écus de rente, elle eut beaucoup de soupirans. Les plus empressés furent le Comte de chamilli &

le

le Chevalier de Grancey, tous
deux affés pauvres pour chercher à faire fortune. Le premier étoit foutenu par Mr. le
Prince, ce qui auroit fait pan-
cher la balance pour lui, joint à
cela qu'il étoit honête homme
de fa perfonne, fi ce n'eft que la
folie du Chevalier lui plaifoit
davantage. Elle avoit peine
neanmoins, quelque inclination
qu'elle eut pour lui, à en faire fon
époux, parce qu'elle voioit
bien que fon choix ne feroit pas
approuvé de fes perens, & que
d'ailleurs il étoit en reputation
d'être debauché, ce qui n'accom-
mode pas une femme. Cepen-
dent ne le pouvant auffi chafler
de fon cœur, elle les vit tous
deux, deforte qu'elle en devint
encore plus amoureufe par la
frequentation.

Si le Chevalier eut voulu,
c'en étoit fait, & elle n'étoit

pas

pas en état de lui refuser aucune chofe, mais étant amoureux d'une petite grifette à qui
il donnoit la plus grande partie
de fon temps, Mr. de Chamill
qui alloit mieux au fait, em-
ploia le credit de Mr. le Prince;
deforte que tous les parens de
cette Dame la priérent de vouloir donner fon congé au Chevalier. Elle ne s'y put refoudre
quoi qu'il s'aidat fi peu, qu'il ne
meritoit pas qu'elle penfât encore à lui, Mais l'amour qui tenoit fon parti dans fon cœur, lui
faifant trouver des excufes où il
n'y en avoit point, elle lui dit ce
qui fe pafloit & comment il étoit
caufe qu'elle ne pouvoit contenter Mr. le Prince & fes parens. Cela le reveilla, lui qui
nonobftant que fon efprit fut
aflés borné, ne laifloit pas de
voir, que fi cette fortune lui
echapoit, il lui feroit difficile
d'en

d'en trouver une pareille. Ainſi
l'intérêt lui faiſant faire ce
qu'elle devroit attendre de l'a-
mour, il ſe réchauffa pour elle,
deſorte qu'elle lui plut plus que
jamais. Le Comte de Chamilli
s'en étant apperçu, & voiant
que quelques plaintes qu'il lui en
fit il en avoit peu de ſatisfaction,
fit agir ſes amis pour hâter la
concluſion de ſon mariage, ils
en parlerent à la Dame comme
d'une choſe qu'elle ne pouvoit
plus differer, & elle ſe voiant
extremement preſſée dit au
Chevalier que s'il ne prenoit une
bonne reſolution il alloit la perdre pour jamais.

Un autre eut bien entendu ce
que cela vouloit dire; mais lui
qui ne comprenoit pas à demi
mot, fut aſſés ſtupide pour
avoir beſoin qu'elle le lui ex-
pliquât. Mais aiant quelque
confuſion de lui dire les choſes

naturellement comme elle les penſoit, elle ſe contenta de lui faire voir la neceſſité qu'il y avoit pour lui de l'enlever, aprés quoi ſes parens ſeroient bien obligés de ſe taire. Comme cette propoſition étoit ſelon l'humeur bruſque du perſonnage, qui prenoit un plaiſir indicible à faire des coups detourdi, il ſe rejouit d'avance d'aller faire parler de lui de ſi bonne ſorte. Mais au lieu d'avancer le moment qu'elle demandoit, & qui étoit l'unique objet de ſa propoſition, il ne la paia que de remercimens de ce qu'elle le préferoit ainſi à ſon rival. Cependant il continuoit toûjours de rendre viſite à ſa griſette, & comme il n'étoit pas tout ſeul à la voir, il ariva qu'on fit un fort vilain preſent à cette fille qu'elle fit auſſi au Chevalier. Il fut quelque tems ſans s'en apercevoir,

&

& ce fut en ce tems-la que preſſé tout de nouveau de faire l'enlevement dont-on lui avoit parlé, il le fit effectivement. Sa Maitreſſe, pour couvrir mieux leur intelligence fit la deſeſperée quand elle ſe vit entre ſes mains, afin que ceux qui étoient avec lui en rendiſſent témoignage & la juſtiffiaſſent dans le monde. Mais dés qu'elle fut arrivée dans un Chateau où il la conduiſit, ſes pleurs s'eſſuierent d'eux-mêmes, deſorte qu'il étoit aiſé de voir qu'elle n'attendoit que le doux moment aprés lequel elle ſoupiroit depuis ſi long-tems. Auſſi ſi le Chevalier eut été bien ſage, il ſe feroit efforcé à l'heure même de lui donner toute ſorte de contentement. . Mais s'étant apperçu en chemin du preſent qu'on lui avoit fait & croiant qu'elle auroit lieu de ſe plaindre, ſi pour premiere connoiſ

ſance

fance il la réduisoit dans la fatale necessité d'avoir besoin de Chirurgien il lui fit de grands complimens & de grandes reverences avec des protestations à perte de veuë qu'il lui seroit obligé eternellement.

Cette conduite la surprit, Cependant elle se flatta qu'il attendoit la nuit pour lui temoigner l'amour qu'il avoit pour elle. Mais la nuit étant venuë elle trouva qu'on lui avoit préparé une chambre pour elle seule, & dans laquelle il n'y avoit qu'un lit propre à coucher une personne, elle en tira mauvais augure d'abord qu'elle eut jetté les yeux dessus; en effet il lui souhaitta le bon soir aussi-tôt qu'il l'eut menée dans cette chambre & passa dans une autre. J'ai ouï dire à une fille, qui la fû d'une Demoiselle qu'elle avoit, & à qui on dressa

un

un lit de camp dans la même chambre qu'elle ne fit que soupirer toute la nuit, & que le lendemain matin elle trouva ses draps tout rompus à force qu'elle les avoit mordus de rage.

Quatre ou cinq jours se passerent sans qu'elle receut de meilleurs traitemens, desorte que desesperée de l'affront qu'elle croioit recevoir, elle ne songea plus qu'à sortir de cette maison où elle avoit passé de si mechantés heures. Elle fut assés adroite neanmoins pour n'en rien temoigner & prenant pour prétexte qu'elle avoit demeuré assés long-temps avec lui pour que personne ne songeat plus à elle, elle lui demanda à s'en retourner, mais elle ne fut pas plutôt en liberté que sa rage éclatta contre lui. Elle publia comment il ne l'avoit pas touchée dont tout le monde ne la voulut pas croire, mais le Chevalier aiant été affés fou pour en convenir, & même pour en dire la raifon, comme fi elle lui eut dû fervir d'excufe, on fe le perfuada peu à peu

Le Comte de Chamilli qui avoit penfé movrir de douleur; foit qu'il l'aimât effectivement où qu'il foit rude à un homme qui s'être flatté de faire fa fortune, de voir que la chofe lui manquoit refpira à cette nouvelle. Cependant n'en voulant pas être la duppe, il s'informa fi effectivement les chofes s'étoient paffées comme l'on difoit, & n'en aiant rien appris que de conforme à fes defirs, il fe remit à lui faire l'amour comme fi de rien n'eut été. Les parens du Chevalier jetterent feu & flammes contre lui de fa fotice, voiant bien qu'il avoit manqué une occafion où il ne reviendroit jamais

jamais. Et lui pretendant s'ex-
cuser sur le present dont j'ai parlé tantôt il se vit sifflé de toute la terre. Comme il vit cela
il chercha à revoir sa maitresse,
auprés de qui il se flattoit de faire encore valloir ses excuses.
Mais elle pour lui faire voir
comment il n'avoit plus rien à
esperer auprés d'elle, se mit à
le pourfuivre comme un ravif-
feur. Si le tems eut été comme
aujourdhui, où elle lui auroit
fait couper la tête, ou elle l'auroit obligé du moins à s'enfuir
hors du Roiaume. Mais comme il s'en falloit beaucoup que
le regne n'eut cette vigueur,
qui fait fleurir les loix & retient
chacun dâns le devoir, il trouva des amis à la cour qui firent
enforte qu'on traita cela de ba-
gatelle. Comme il se vit ainsi
maltraitté il prit le parti de faire
querelle au Comte de Chamilli

& lui fit tirer l'épée, mais aiant
trouvé un homme qui étoit pour
lui tenir tête, & qui d'ailleurs
avoit toujours le premier Prince du Sang pour son protecteur,
il eut le regret d'être obligé de
lui ceder, ce qu'il n'avoit tenu
qu'à lui d'avoir.

Mr. de Chamilli l'aiant ainsi
épousée, se crut obligé de prendre garde à sa conduite; &
comme il étoit homme d'honneur & qui n'entendoit point de
raillerie sur le chapitre de la galanterie, il lui fit entendre si
bien ses intentions, qu'elle crut
qu'il n'y auroit point de sureté
pour elle à se jouer à lui. Cela
la retint pendant quelque tems,
joint à cela que pour lui ôter
l'occasion il l'envoioit toujours
en Normandie. Mais enfin
comme il est presque impossible
de forcer son inclination, il
s'alluma par deux differentes

le

fois quelques éteincelles dans
son cœur, & qui lui auroient
causé un embrasement tout
entier, si Mr. de Chamilli n'y
avoit pourveu de bonne heure.
Cependant quelques années de
complaisance pour lui lui aiant
ôté toute sorte de defiance, elle l'avoit mis sur le bon pied sur
la fin de ses jours. Elle a eu
quelques amourettes qui n'ont
pas fait grand éclat, parce qu'elle a eu la discretion de choisir des
amans d'une mediocre volée.
Mais enfin étant devenuë veuve, elle a donné dans le grand
air, desorte que c'est le Comte
de Montreuel qui a trouvé maintenant le secret de fixer son
cœur.

Mademoiselle de Fiennes aiant
fait ainsi le portrait de la Dame,
sut endormir si bien le Chevalier qu'il ne lui resta aucun soup-
çon de son intrigue. Ils cou-

chérent

cherent ensemble pour mieux faire leur paix, pendant que le Comte tacha de prendre quelque repos apres tant de fatiques. Cependant à peine étoit-il sept heures du matin, que son valet de chambre, à qui il avoit donné ordre de le reveiller d'abord qu'on lui apportoit quelque billet, tira ses rideaux pour lui en donner un de la part d'une Dame, il étoit conceu en ces termes.

J'Aime le plaisir je vous l'avoüe, & comme chacun n'est pas capable d'en donner, je m'addresse à vous croiant que vous avez quelque chose de plus que les autres. Dans cette pensée je n'ai pas voulu toucher à une bourse de quatre cent louis qu'un des plus jolis hommes de la cour me donna, il y a plu de jours, & je vous les

que

sacrifie l'un & l'autre pourveu que vous me vouliez donner une après dînée de votre
tems. Je me figure des plaisirs indicibles avec un homme
comme vous. Au moins je
vous avertis que je suis femme
de grand appetit & que si vous
ne vous sentez pas présente-
ment en état de me rendre service, j'aime mieux vous donner quelques jours pour réparer
vos forces, quatre cent louis
meritent bien un peu de prepa-
ration. Je ne vous dis point
qui je suis jusques à ce que je
sache si je vous suis agreable.
Après cela je tâcherai que vous
ne me quittiez pas pour une
autre, & tout ce que je vous
puis dire, c'est que je n'ay rien
qui ne soit à vous.

D...   Mont...

Montreuel qui avoit été faché d'abord qu'on l'eut éveillé parce qu'il avoit envie de dormir, changea de sentiment quand il eut lu cette lettre, il demanda en même tems s'il y avoit quelqu'un qui en attendit la reponse, & aiant su qu'oüi il prit sa robe de chambre & écrivit ces parolles,

JE vois bien Madame que vous m'aimés veritablement de la maniere que vous m'écrivez, & comme il n'y a rien qui fasse faire plus de chemin à un homme que l'amitié, je me sens déja si épris que sans avoir l'honneur de vous connoître, je ne demande qu'a me trouver tête à tête avec vous. Dites moi donc où je vous pourai voir, sans craindre que je vous demande du tems pour

vous

*vous rendre service, j'ai un
fonds inépuisable de tendresse
pour celles qui m'aiment, &
vous devriez avoir bien méchante opinion de moi, si je re-
mettois à un autre jour un bien
qui ne m'arrivera jamais assés
tot pour mon contentement.*

Cette réponse plut infiniment à la Dame, elle lui fit
sçavoir qu'il la pourroit voir sur
le soir chez une de ses amies
qui demeuroit dans le Fauxbourg
St. Germain, mais qu'elle le prioit
d'y venir incognito, comme elle iroit elle même ; parce qu'il
étoit bon de ne pas donner à
parler au voisinage. Cependant
tandis qu'ils se préparoient tous
deux à cette expedition amou-
reuse, on demanda au Comte
un autre rendez-vous qui l'em-
barrassa, parceque c'étoit à la

me heure & qu'il ne voioit pas de moien de le separer en deux. C'étoit encore par un billet & voici en quels termes il étoit conceu.

JE vous trouvé si bien fait la derniere fois que je vous vis à la Comedie. D'ailleurs j'entens dire tant de bien de vous, que je vous avoüe que je n'ai point de repos depuis ce tems là. Au nom de Dieu épargnez moi la confusion de vous dire toutes mes foiblesses ; j'en ai un regret inconcevable ; qu'il vous suffise seulement de savoir que j'ai voulu vous resister, & qu'il n'est pas en mon pouvoir. Cela m'oblige donc de vous demander un rendez-vous sur le soir à une maison que vous indiquera le porteur. Mais com-

comme je ne suis pas encore ac-
coutumée au crime, je pretens
que vous ne me verrez point
cette fois-ci. Je vous attendrai
dans un lit dont les rideaux se-
ront bien fermés & sans aucune
clarté dans la chambre. Si ces
conditions vous plaisent faites
le moi sçavoir. Tout ce que je
vous puis dire, c'est que je vous
recompenserai de vos peines.

Montreuel avoit été embar-
raflé comme j'ai dit cy-deffus à
la veuë de ce billet, & cela fut
caufe qu'il fit deux ou trois tours
de chambre fans y rendre réponfe. Mais enfin à force de
rêver il imagina un éxpedient
par le moien duquel il crut fe
pouvoir tirer d'affaire. Il ne
feignit donc point de demander
à l'homme où il falloit aller,
& il écrivit à la Dame qu'il

s'y trouveroit, & qu'il étoit content de toutes les conditions
qu'elle lui marquoit dans fa lettre, parce qu'il efperoit qu'elle
ne l'y affujettiroit que cette fois
là. Cependant quand l'homme
fut forti, il demanda à fon valet
de chambre, qui étoit à peu
prés de même taille que lui, s'il
n'iroit pas bien à fa place; &
celui-ci aiant topé fans fe faire
tirer l'oreille, il l'envoia prendre
le bain chez un baigneur, puis lui
donna un habit de fa garderobe.

L'heure du rendés-vous étant
venuë ils s'en furent tous deux
chacun de fon côté, le valet de
chambre trouva une bonne
Maifon bourgeoife où l'Hoftelle
lui fit mille honêtetés, croiant que
c'étoit le Comte de Monreuel;
elle l'introduifit jufques à la porte
de la chambre, & lui aiant
montré du doigt ou étoit le lit,
il trouva une Dame qui le receut

ceut entre ſes bras & qui à peine
lui donna le tems de ſe deshabil-
ler, il fit ſon devoir à peu prés
comme auroit pu faire ſon maitre, deſorte qu'elle en fut ſi
contente qu'elle lui donna une
bourſe ou il y avoit deux cent
louis; il demeura avec elle juſques à onze heures du ſoir. Mais
dés qu'elle les entendit ſonner
elle lui dit qu'il étoit tems de
ſonger à la retraitte, qu'elle
avoit un mari qui lui demandé-
roit où elle avoit été, ſi elle
paſſoit minuit, qu'ainſi il valoit
mieux ſe ſeparer afin de ſe pouvoir revoir une autrefois.

Pour ce qui eſt de Montreuel
on ne fit point tant de miſtere
avec lui, on ſe laiſſa voir le Vi-
ſage à decouvert, & il vit encore tout ce qu'il voulut. Car
la Dame n'étoit point chiche de
montrer tout ce qu'elle portoit,
& elle s'étoit miſe en tête que le

D 5   moien

moien d'exciter la devotion
étoit de laisser voir les reliques.
Il la reconnut d'abord, car quoi
qu'elle ne fut pas de qualité, elle étoit neanmoins de ces femmes qui font figure, comme si
elles en étoient. C'étoit la petite fille du premier president
qui avoit épousé le fils de berrier
à qui l'on avoit donné beaucoup
de bien, mais pour qui elle
avoit eu une si grande aversion
dés le premier jour de son mariage, qu'elle ne l'avoit jamais
pu souffrir.

Comme elle étoit plus laide
que belle, il n'y eut que ses quatre cent louis qui furent cause
qu'il la carressa. Il le fit neanmoins d'une maniere qui ne lui
fit point perdre sa reputation.
Elle lui demanda même un autre
rendez-vous, & il n'osa pas la
refuser quoi qu'elle ne parla
point d'y apporter de l'argent.
Ce-

Cependant étant ellé le lendemain à verſailles il ſe mit à jouer
chez le marquis de Livry, &
comme il avoit ſur lui la bourſe
qu'elle lui avoit donné, & qu'il
la tira pluſieurs fois pour y prendre de l'argent, le marquis de
Rothelin qui en avoit fait preſ-
ſent à la Dame crut la reconnoître, & pour voir s'il ne ſe trom-
poit pas il lui demanda à la voir.
quoi qu'il fut dans la chaleur du
jeu, il eut l'eſprit aſſés preſent
pour voir qu'il avoit fait une
faute, & voulant la reparer il
lui dit de le laiſſer en repos, &
qu'il avoit bien autre choſe à
faire que de contenter ſa cu-
rioſité. Il crut lui donner le
change par là & en effet il n'y
eut perſonne de la compagnie
qui ne crut que c'étoit la paſſion du jeu qui lui faiſoit faire
cette reponſe. Mais comme il
eſt plus difficile de tromper un

rival qu'un autre Rotelin partit un moment aprés sans faire semblant de rien, & étant venu deícendre chez la Dame, la premiere chofe qu'il lui demanda fut de lui vouloir montrer la bourfe qu'il lui avoit donnée. Quand il n'y auroit eu que l'air avec lequel il lui faifoit cette demande, il lui auroit été aifé de deviner, qu'il avoit fait quelque facheufe découverte. C'eft pourquoi cherchant à lui donner le change, elle lui dit que la Marquife de Bron fa belle fœur, la lui avoit demandée, & qu'elle n'avoit pu honétetement la lui refufer.

Rotelin donna effectivement dans le panneau, & aimant bien mieux que ce prefent eut été fait à Montreuel par l'une que par l'autre, il fe vit delivré d'inquiétude. Il trouva le foir même la Marquife de Bron dans un en-

endroit & ne pouvant retenir sa langue, je ne croiois pas Mada- me lui dit-il, que ce fut aux femmes à donner aux hommes. Mais à ce que je vois vôtre gene- rosité va si loin que je crois que vous en voulez amener la mode. Cependant si j'étois à vôtre place, je prendrois garde à qui je m'addresserois, il y a des hom- mes qui font fanfarons comme tous les diables, & d'aller mon- trer en pleine cour une bourse & dire qu'on la receuë de vous, c'est ce que je n'approuve pas, & ce qui aussi, n'est nullement dans les régles.

Davant que d'en dire davan- tage il est bon de sçavoir que la Dame qui avoit ecrit à Mont- reuel étoit cette marquise, & que c'étoit elle aussi qui avoit donné deux cent louïs dans une bourse à son valet de chambre. Ainsi ce discours ajant d'autant

        plus

plus de lieu de la surprandre qu'il ne contenoit que la verité, elle rougit & demeura toute interdite. Elle ne put comprendre neanmoins comment Montreuel avoit pu dire qu'elle lui avoit donné cette bourse ; puis qu'il ne pouvoit sçavoir que ce fut elle, à moins que d'être sorcier. En effet elle ne s'étoit point laissé voir comme j'ai dit ci-devant, & ce n'avoit point été tant par une fausse modestie comme elle lui avoit ecrit dans sa Lettre que parce qu'elle n'étoit pas belle de visage, & qu'elle se diffioit d'ailleurs de ses beautés cachées. Son mari qui n'étoit pas beau non plus qu'elle ; & dont toutes les qualités du corps & de l'esprit étoient si peu de chose qu'ils sembloient n'avoir rien à se reprocher le lui disoit même continuellement, depeur qu'elle

n'en

n'en perdit la memoire ; ainſi
comme avec ce que ſon miroir
ne la prévenoit pas trop à ſon
avantage, il lui étoit impoſſible de l'oublier, & elle prenoit
ſes precautions autant qu'elle
pouvoit dans ſes petits plaiſirs.

Au reſte craignant qu'il n'y
eut de la fourberie à ce que Rotelin lui diſoit, elle prit le parti
de tout nier & le querela même ſur ce qu'il ſe donnoit ainſi
la liberté de lui vouloir faire des
corrections. Mais lui au lieu
de s'émouvoir de lui voir prendre ainſi ſon ſerieux lui dit qu'elle avoit raiſon de n'en pas vouloir tomber d'accord ; parce que
tout vilain cas étoit reniable,
Qu'il s'étonnoit cependant qu'elle ne choiſit pas un amant qui
l'aimat but à but : ce qui plairoit
bien plus à ſon mari qui n'auroit
pas du moins le chagrin de ſe
voir ruiner en portant des cor-

nes. Ce fut un grand chagrin à
cette petite femme qui crevoit
de gloire de se voir insulter
ainsi ; elle lui dit d'aller faire ses
corrections à sa belle sœur, &
que si elle lui donnoit prise sur
elle, pour cela il n'en étoit pas de
même d'elle, qui ne vouloit jamais avoir de commerce avec lui.
Rotelin qui étoit aussi fou, qu'elle
étoit folle, rendit parolle, pour
parolle, & les choses allerent si a-
vant qu'elle lui donna un souflet.
Il le lui rendit sans songer que ce
n'étoit pas bien fait à un homme
de mettre la main sur une femme, ce qui la mit si fort en
colere, qu'elle lui sauta à la
cravatte faisant tout son possible
pour l'étranger. Pour lui il la
prit par son bonnet & la decoëffa
& ils furent un assés bon bout de
tems à s'entregourmer ainsi,
sans que personne vint au se-
cours, quand à la fin une certaine

ne femme de chambre qui ſçavoit toutes ſes affaires vint pour
mettre le hola.

Elle avoit bien entendu d'a-
bord quelque choſe du bruit
qu'ils faiſoient, mais comme elle avoit cru que c'étoit avec
quelqu'un de ſes amis elle s'étoit
imaginée qu'ils ſe raccommo-
deroient bien ſans elle. Enfin
entendant que cela ne finiſſoit
point, elle prit le parti d'entrer
& fut fort ſurpriſe de voir ſa
maitreſſe decoëffée. Elle ne
s'amuſa point à leur demander
quel étoit le ſujet de la querelle,
& croiant que c'étoit quelque
jalouſie. N'avez vous point
de honte leur dit elle à tous deux
de faire ce que vous faites, &
ne vaudroit il pas mieux vous
coucher dans il lit. Monſieur
ni eſt pas il eſt à St. Clou. Croiez-
moi faites le cocu, cela vaudra
mieux que de vous entregorger
comme vous faites. La

La Marquise pensa crever de depit, l'entendant parler de la forte, elle crut que cela alloit encore donner prise sur elle à Rothelin qui avoit assés de jugement pour voir qu'une fille ne parloit point de cette maniere sans sçavoir de qu'elle humeur elle étoit ; mais lui qui étoit à moitié fou, comme j'ai déja dit, & qui en cette qualité passoit aisément d'une extremité à l'autre : Ma foi Madame lui dit-il elle a raison entre nous, & je ne vois que ce moien là pour nous raccommoder. Il lui sauta au cou au lieu de la battre, quoi que dechevelée comme elle étoit, elle ressembla à une veritable furie, il l'echauffa si bien comme il étoit beau gerçon qu'elle ne fit que de mediocres efforts pour se depétrer de ses bras. La femme de chambre qui entendoit son manége, vit bien qu'elle eut

déja

déja voulu être dans le lit : ainfi courant lui chercher des cor-
nettes de nuit elle la recoëffa le
plus promptement qu'il lui fut
poffible, puis les laiffa là croiant
qu'il ne leur falloit plus de té-
moins. Elle fit pourtant bien
des façons devant que de lui
vouloir rien permettre, mais lui
qui fçavoit qu'il y a des femmes
qu'il faut faire femblant de forcer avant que de les faire venir
au point qu'elles fouhaittent le
plus ; là prit entre fes bras & la
jetta fur le lit, il eut la ce qu'il
fouhaittoit ; ce qui fit fi bien la
paix entr'eux, qu'elle fe desha-
billa non-feulement toute feule
aprés cela, mais qu'elle lui aida
encore à faire la même chofe.

Comme l'objet n'étoit pas
trop appetiffant il ne fit pas
grand voiage ; elle lui demanda
ce qui en étoit caufe, fi c'é-
toit Madame de Rothelin ou

fa belle fœur, il voulut faire le
difcret à l'égard de celle-ci, mais
la Marquife lui dit que ce n'en
étoit pas la peine, & qu'avec fon
intrigue elle en favoit encore
quantité d'autres, dont elle lui
feroit part s'il vouloit : je m'en
étonne lui dit Rothelin & je
vous croiois aſſés bonnes amies
pour ne vous pas detruire l'une
l'autre. Moi lui dit la Marquife, je ne la vois point & c'eſt du
plus loin qu'il me fouvienne de
l'avoir veuë. Ces parolles le
furprirent lui qui avoit cru de
bonne foi l'hiſtoire de la bourfe,
ainfi étant bien-aife de s'en
éclaircir, il lui demanda ce qui
en étoit, & s'il n'étoit pas vrai
qu'elle lui en eut donné une faite
de telle & telle façon, qui étoit
celle qu'il avoit veuë entre les
mains du Comte de Montreuel.
La Marquife lui jura que cela
étoit faux, & fut ravie d'avoir

cet

cet éclaircissement qui lui fesoit
voir que peu s'en étoit fallu,
qu'il n'eut pris le change.

Rothelin aiant fait cette découverte ne s'arrêta plus guerre avec elle, & s'en étant allé
au sortir de là, chez sa belle
sœur il la traita comme la derniere des femmes. Comme elle avoit
plus de vanité qu'elle n'étoit grosse, elle lui demanda si c'étoit
là de la maniere qu'on en usoit
avec une femme de sa qualité,
il prit un éclat de rire à Rothelin
à ces parolles, & lui aiant demandé de quel côté elle vouloit
prouver sa Noblesse, ou du côté
de la ruë des foureurs, ou du
côté de la mandille, il la mit
dans un tel desespoir qu'elle ne
se connoissoit pas. Elle l'appella double batard par droit de
represailles, & aprés s'être dit
bien des verités de part & d'autre, elle voulut sçavoir si pour

avoir

avoir épousé un homme dont le pere n'étoit rien, cela pouvoit préjudicier à la Noblesse de ses ancêtres. Non Madame lui repondit froidement Rothelin comme s'il n'eut point été ému, ne voiez-vous pas bien aussi que je vous ay demandé de quel côté vous preniez vôtre fort, si c'étoit du côté de la mandille oude la ruë des foureurs. Mais enfin j'ai eu tort je l'avoüé, & vous connoissant aussi grande foureuse que femme qu'il y ait à Paris, je devois bien croire que vous renonciés à la mandille & que vous ne vous retranchiés que sur ce fameux foureur, dont l'epitaphe étoit encore il n'y a pas long-temps dans le cimetiere St. Innocent avec vos armes.

Ce reproche acheva de la rendre furieuse elle sauta sur lui, & ce fut encore pis que l'autre furie dont il avoit eu tant de peine

neate de guerpir: elle lui dit qu'il n'avoit plus que faire de rien prétendre auprés d'elle, & qu'elle lui avoit fait trop d'honneur ; pour mon argent Madame lui repliqua Rothelin tout en colere. Mais passe encore si votre lubricité ne vous avoit pas porté à le donner à un autre ; je vous en avoit fait present, & je ne m'en soucierois pas si vous l'aviez gardé. Comme il n'étoit pas homme à beaucoup de mesures, il fut le premier à conter cette avanture, quoi qu'elle ne fut pas trop à son honneur, & le Maréchal de Navailles son beau pere en étant averti, il lui en fit une grande mercuriale. Il lui demanda s'il vouloit s'attirer à dos une famille qui étoit puissante dans le Parlement, & s'il croioit qu'il ne tomberoit jamais entre les mains. Mais lui qui n'étoit pas d'humeur à faire au-

aucune reflexion, continua fur
le ton qu'il avoit commencé, ce
qui étant rapporté au premier
Préfident, le Maréchal de Navailles le fut trouver pour tacher
d'appaifer fa colere.

La Marquife de Rothelin ne
fut point fachée de cet éclat, pre-
tentant que fon mari en devien-
droit plus fage, & que fon bien
ne s'en iroit pas fi vite; en effet il avoit mangé plus de cinquante mille écus en deux ans
de tems, & fon beaupere avoit
été obligé de le mettre dans une
efpece de curatelle, afin de conferver quelque chofe à fa fille,
à qui il ne l'avoit fait époufer
qu'à caufe qu'il lui étoit échu la
fucceffion du Comte de Mouffi,
qui avoit été tué en Allemagne.
Mais Rothelin étant dans une
ville où au lieu d'une on en trouvoit par milliers de même humeur, trouva bientôt dequoi fe
con-

confoler. Il continua fes folies dans tous les quartiers de Paris, & fon ancienne maitreffe qui ne le haïffoit pas encore malgré tout le bruit qu'ils avoient eu enfemble, en fut fi fort affligée qu'elle refolut de le rappeller.

Il ne fe crut pas obligé de garder fa colere plus long - tems qu'elle, & ils fe virent avec fi peu de mefures que tout Paris fut leur raccommodement. Berier qui avoit eu l'ambition de marier fon fils à cette fille à caufe de l'appui qu'elle avoit dans le Parlement, en fut fi fcandalizé qu'il en parla à fon fils, lui difant qu'ils devoient aller trouver enfemble le premier Prefident, & lui en demander juftice. Mais lui qui s'étoit mis au-deffus de cela, lui fit réponfe que cela ne fefoit point de tort à un honête homme, & qu'on feroit bien malheureux fi fon honneur dependoit de la conduite d'une femme. Cette raison parut de méchant aloi à ce petit homme, qui nonobſtant qu'il étoit decrié comme la fauſſe monnoie, c'étoit mis en tête qu'on le devoit conſiderer comme quelque choſe de bon, depuis qui étoit devenu Marguiller de St. Euſtache. Il l'appella mille fois lâche, de ſouffrir un tel affront, & lui dit que lui aiant veu ſe laiſſer venir une barbe comme un Soldat aux Gardes, & même y faire mettre le fer pour la retrouſſer, il avoit cru qu'il vouloit commencer à devenir méchant par là, mais enfin qu'il falloit la reformer, ou prendre des ſentimens plus relevés que ceux qu'il avoit.

Il lui dit encore quantité de choſes qui lui témoignoient qu'il n'étoit point du tout content de lui, mais enfin n'en aiant point

de

de bonne réponse, il appela fa
femme pour lui aider à venir laver la tête à fon fils. Cette femme qui étoit bien plus propre à
vendre des harangs dans fon voi-
finage, qu'à fe rouler fur l'or &
fur l'argent comme elle faifoit
depuis les voleries de fon mari,
entra dans fon fentiment &
gourmanda fon fils d'une maniere que pour ne s'entendre pas
dire tant de pauvretés, il prit
le parti de s'en aller. Mais elle
l'arrêtant par le bras, & l'aiant
obligé à demeurer malgré lui,
le Comte du Marais entra qui é-
toit un gendre de la maifon &
un original fans copie. Il vit
bien qu'il y avoit quelque chofe
fur le tapis, & un autre que lui
s'en feroit allé pour n'être pas à
charge à perfonne. Mais comme le bon fens & lui n'avoient
jamais été bien d'accord, bien-
loin feulement de fe donner la

patience d'attendre qu'on lui fit part de ce qui se passoit, il le leur demanda avec empressement, leur disant qu'ils ne devoient point avoir de reserve pour lui. Le fils de Berier qui se faisoit appeler le Marquis de la Ferriere à cause d'une belle terre que son pere lui avoit achetée en Normandie, prit la parolle pour lui ôter sa curiosité. Mais comme il ne sçavoit ce que c'étoit que d'entendre raison, il insista à ce qu'ils lui fissent part de leur secret. La Ferriere voiant son obstination & étant bien-aise de le mortiffier lui dit qu'ils parloient de sa femme. Mais que comme il n'étoit pas toujours bon qu'un mari sut toutes choses, il ne lui conseilloit pas d'être si curieux. Berrier & sa femme qui n'avoient pas grande estime pour ce gendre, laisserent parler leur fils, desorte que

du

du Marais aiant voulu fçavoir à
toute force ce que cela vouloit
dire, c'est lui répondit Berrier
que vôtre femme donne penfion
auComte deMontreuel,& qu'elle lui aide à entretenir une partie de fon train, Ce qu'il ne pouroit faire s'il n'avoit ainfi quelque fecours, puifque tout le
monde fçait bien qu'à la reserve
de quelques bien faits qu'il tire
de Monfieur ; il n'a ni rente ni
revenu.

Comment s'écria du Marais elle lui donne mon bien, moi qui
ai tant de peine à le conferver,
& qui me prive même des chofes
neceffaires pour être meilleur
menager? il fit encore plufieurs
exclamations fur le même ton,
fans parler jamais de fon honneur, ce qui ne furprit pas beaucoup la Ferriere qui fçavoit bien
qu'il n'en avoit point. Mais ce
qui fut plus plaifant que tout

cela, c'eſt que Berrier & ſa femme ne pouvant non plus entendre parler de diſſipation de bien ſans en être tout émus, joignirent leurs exclamations aux ſiennes, deſorte qu'ils heurlerent tous trois comme des poſſedés. Madame Berrier r'encherit encore ſur ſon mari & ſur ſon gendre, diſant qu'elle étoit doublement coupable, puis qu'au lieu de donner comme elle faiſoit, elle ſçavoit bien que la coutume des femmes étoit de recevoir.

La Ferriere qui croioit avoir detourné l'orage qui c'étoit élevé contre lui, rioit dans ſon cœur de toutes leurs exclamations qu'il traitoit de ridicules. Cependant aprés s'être bien tourmentés tous trois, Madame Berrier comme la plus ſenſible lui demanda qu'elles preuves il avoit de cette

cette diffipation. Mais lui
qui ne parloit pas fans fçavoir,
tira une lettre de fa poche écrite de la propre main de fa foeur,
& au deffus de laquelle il y avoit
à Mr. Mr. le Comte de Montreuel. Comme il n'y avoit
plus qu'à lire aprés cela, le pere
la mere, & le gendre s'appro-
cherent & la Ferriere voulant
fe donner le plaifir tout entier
leur en fit la lecture, elle étoit
conceuë en ces termes.

VOus me donnâtes tant de
plaifir hier que je ne vous en
puis mieux témoigner ma recon-
noiffance qu'en vous envoiant
cent Louïs d'or dans une bourfe.
Ce vous doit être une preuve
bien convainquante de mon amitié, moi qui aime l'argent au-

tant

tant que personne & qui ai bien de la peine à l'arracher de mon vieux cocu de mari. Comme c'est un present extraordinaire que je vous fais, je pretends aussi que je m'en ressentirai la premiere fois que je vous verray & que vous me ferez quelques caresses extraordinaires. Cela n'empêchera pas le paiement de vôtre pension dont vous aurez toujours le quartier d'avance, tant que nous serons contens l'un de l'autre.

Ah ! la chienne dirent-ils en même tems tous trois, cent louis d'or d'extraordinaire sans compter une pension, encore paier cette pension d'avance sans sçavoir où en reprendre le pre-

premier fou, puis qu'elle n'ignore pas qu'elle n'a affaire qu'a un gueux, c'est quelque chose de tout-à-fait desolant, & dont on ne sçauroit se consoler. Ils dirent encore beaucoup de choses tout aussi burlesque aprés quoi ils demanderent à la ferriere de quelle maniere cette lettre lui étoit tombée entre les mains. Il leur dit qu'aiant fait une partie de chasse dont étoit le Comte de Montreuel & piquant aprés lui, il avoit tiré son mouchoir & l'avoir fait tomber de sa poche, qu'en passant où elle étoit tombée il avoit cru reconnétre l'écriture de sa sœur, ce qui lui avoit donné la curiosité de la ramasser : qu'il ne leur en pouvoit dire davantage & qu'ils voioient tout le reste.

Du Marais partit de la main pour s'en retourner chez lui, & Madame Berrier craignant

qu'il

qu'il n'allat estropier sa fille, comme sans doute elle avoit sujet de le craindre, le suivit pour tâcher de mettre le holà. Mais tout son ressentiment se borna à demander à sa femme les clefs de son cabinet, & de ses coffres, & pour plus grande sureté il envoia chercher un serrurier & en changea toutes les gardes. La Comtesse du Marais qui étoit une petite harpie ne sçachant ce que cela vouloit dire & ne le voulant pas souffrir, commença à dire beaucoup de choses, mais sa mere lui imposant silence à l'heure même, lui dit que son mari avoit raison & qu'elle devoit être fort contente de ce qu'il n'étoit pas plus emporté, qu'elle l'avoit offensé par l'endroit le plus sensible, c'est pourquoi elle devoit plutôt songer à appaiser son ressentiment, qu'à l'irriter par de nouvelles offenses. Com-

Comme elle croioit avoir fait
ses affaires si secretement qu'elles n'étoient suës de personne,
elle ne voulut non plus souffrir
de la mere que de son mari ; deforte que lui demandant avec un
emportement tout extraordinaire ce que cela vouloit dire,
c'est lui repondit du Marais que
les cent louïs d'or que vous avez
envoïés ces jours ici au comte de
Montreuel me serviroient aussi
bien qu'a lui : j'ai une grange
qui tombe que cela auroit pû
faire relever, & si du temperament dont vous étes, vous ne
vous en sçauriez passer, ne
sçauriez vous trouver des gens
qui vous le fassent but à but ou
du moins qui ne soient pas si
haut à la taille. Madame berier, joignit ses remontrances
aux siennes, lui representant la
misere du tems present, & comme il ne falloit pas pour un plai-

 sir

fir qui étoit de si peu de durée, prodiguer une somme si consi- derable.

Les premiers reproches de du Marais avoient bien rabbattu le caquet de la petite femme, par- ce qu'elle voioit bien que ses affaires n'étoient pas si secrettes qu'elle pensoit, neanmoins ne pouvant comprendre d'ou ils en pouvoient tant sçavoir, elle leur demanda, mais d'un ton fort radouci, si elle les en devoit ainsi croire sur leur parolle, mais lui aiant reproché tous deux la lettre qu'elle avoit écrite & lui en aiant dit tout le con- tenu, elle fut dans une confu- sion inconcevable. Elle ne crut pas aprés cela pouvoir demeurer en seureté avec son mari, & elle pria sa mere de vouloir l'enme- ner avec elle. Mais Mr. Berrier non plus que sa femme n'étant pas d'humeur à la nourir pour rien,

rien, ils firent dire deux jours
aprés à son mari qu'il étoit bon
de convenir de sa pension, ce
qui n'étant pas de son gout il la
fut rechercher & lui donna parolle de ne lui faire aucun mauvais traitement. En effet il ne
lui en auroit pas dit une seule
parolle; si ce n'est que l'avarice
le gourmandant toujours de
plus en plus, il voulut tirer de
sa bouche combien elle avoit
donné en tout à Montreuel.
Comme ce discours étoit rou-
vrir une plaie qui ne lui étoit pas
agréable, elle fit ce qu'elle put
pour le faire changer; mais enfin
comme il vouloit le sçavoir
absolument, elle fut obligée de
lui dire pour avoir la paix que
tout ce qu'il avoit touché d'elle
étoit trois cent pistolles; sçavoir
cent pistolles d'extraordinaire &
deux cent pour sa pension.

Comme elle n'étoit pas à con-

 fessé

feſſe elle ne lui en dit pas davantage, quoi que la verité fut
qu’elle lui donnoit deux mille
écus au lieu de deux mille francs,
& qu’il en eut bien tiré juſques à
deux mille piſtoles en pluſieurs
fois. Du Marais fit encore ce
qu’il put pour en arracher davantage. Mais n’aiant point
voulu varier dans ſa declaration,
il lui demanda comment elle
pretendoit faire pour reparer
une diſſipation de ſi grande con-
ſequence. Si elle ne conſen-
toit pas à diminuer l’ordinaire
de ſa maiſon qui étoit déja fort
chetive, & enfin à ſe paſſer
d’habits neufs & des autres a-
juſtements inutiles à une bonne
menagere. Elle conſentit à tout
ce qu’il voulut, ſe croiant encore trop heureuſe aprés l’affront
qu’elle lui avoit fait d’en être
quitte à ſi bien marché. Cependant elle lui plut tellement
par

par là, & par les vilennies, en
quoi elle r'encherit encore par
deſſus lui en un an ou deux de
tems, qu'il oublia non ſeulement tout le paſſé, mais encore qu'il l'aimât mieux que jamais, & cette amitié cimentee
ſur un ſi beau principe à duré
juſques à la mort de la Dame qui
eſt enfin venuë ſeparer un ſi beau
couple.

Montreuel aiant perdu une
penſion ſi conſiderable ne l'auroit jamais pardonné à la Ferriere, ſi ſa femme ne lui eut ſervi
de conſolation, mais comme elle étoit emportée en particulier juſques à l'exces, & que
pour contenter ſa lubricité elle
auroit donné juſques à ſa chemi-
ſe, il en arrachoit non ſeulement tout ce qu'elle avoit,
mais encore tout ce qu'elle pouvoit gaigner avec les autres. Cependant le bruit qu'il avoit d'ê-
tre

tre un si grand acteur , l'avoit
mis en si grande reputation &
à la cour & à Paris , que quand
il passoit quelque part on se le
montroit au doigt les uns aux
autres.   Il étoit brave homme
avec cela , ce qui d'un autre côté lui avoit tellement acquis l'estime du Roi , que ce Prince
l'avoit retiré d'auprés de Monsieur. Il lui avoit donné le regiment du Roi de Cavalerie au
lieu de celui d'Orleans & il l'a-
voit encore fait brigadier, ce qui
n'avoit pas plu à beaucoup d'Officiers, qui croioient avoit droit
d'y pretendre à plus juste titre
que lui.   Enfin l'affection que le
Roi avoit pour lui, n'en demeura pas là, le Duc de Chevreuse
qui étoit Capitaine Lieutenant
des chevaux Legers de la garde
lui aiant deplu, à cause, qu'au
passage du Rhin , il avoit été
assés delicat pour craindre de se
jet-

jetter à la nage, il lui demanda
ce qu'il pouroit faire d'argent
pour avoir cette charge qui étoit
de deux cent mille écus, & aiant
dit au Roi une fomme affés mo-
dique ce Prince eut la bonté de
lui promettre le refte, & de fait
le Roi lui auroit tenu parolle,
s'il eut gardé le fecret qu'il lui
avoit recommandé. Mais n'aiant
pû contenir fa joie en foi-même,
celui à qui il en fit part le fut dire
à Mr. Colbert beaupere de ce
Duc. Or comme fon emploi le
rendoit recommandable auprés
de fa majefté, il trouva moien
de remettre fon gendre dans
l'honneur de fes bonnes graces,
deforte que Montreuel perdit
fa fortune pour ne s'être pû ab-
ftenir de parler.

Il s'en confola avec les Dames
dont il y avoit bon nombre qui le
couroient toujours à veuë. Il n'y
eut point jufques à la femme de
fon

fon neveu qui n'en voulut tâter,
quoi qu'il lui fut arivé une a-
vanture qui la dut rebutter de
tous les hommes. Elle aimoit
le fils de la baziniere treforier
de l'epargne du tems que les par-
tifans tenoient le haut du pavé
à Paris, & chez les femmes de
qualité; & quoi que ce tems ne
fut plus, & que par confequent
le fils ne s'en dut pas tant faire
accroire que fon pere, il avoit
tant de vanité qu'il croioit que
les femmes étoient encore trop
heureufes quand il prenoit la
peine de leur en conter, il en
avoit trouvé beaucoup qui lui
avoient dit fes petites verités,
& qui l'avoient renvoié bien-
loin. Mais comme parmi un
nombre de fages, il s'en trouve
toujours quelques folles, la niece
de Montreuel l'avoit trouvé bien
fait, quoi qu'a-la verité ce ne
fut qu'un demi homme, & plus

pro-

propre à reprefenter le Roi des Pigmées qu'un Roi d'Ethiopie, comme elle en cherchoit un. Elle avoit pourtant un mari qui étoit taillé comme il faut, & qui apparament valoit bien mieux que lui, mais foit qu'on ne trouve jamais fon vin bon, ou que l'embonpoint où il tiroit l'empechât de répondre à ce que promettoit fa taille, elle s'accommodoit de l'autre. Son mari fut quelque tems fans s'en appercevoir, & même fans s'en douter, un mari étant toujours le dernier à s'apercevoir de ces fortes de chofes, mais comme il y a des gens qui femblent nés pour faire enrager les autres, on lui envoia un jour un Billet par lequel on lui donnoit avis de prendre garde à fa conduite; on lui fpecifioit même que la Baziniere venoit un peu trop fouvent chez lui & qu'il y prenoit des libertés qui

ne

ne convenoient qu'au maitre de la maison.

Cet avis étoit trop précis pour le negliger, ainsi s'étant mis en garde pour observer la conduite de l'un & de l'autre, ses yeux s'ouvrirent & il ne reconnut que trop bien son infamie. Le desir de vengeance lui monta aussitôt dans la tête, desorte qu'il étoit resolu d'aller à l'heure même trouver l'adultere de sa femme & se couper la gorge avec lui, si ce n'est qu'il fit reflexion qu'étant déja cocu & pouvant encore être battu ce lui seroit double affront. Un de ses gens à qui il fit part de son inquiétude fut aussi de même avis, & celui-ci lui aiant dit qu'il feroit mieux de faire semblant de s'en aller pour quelques jours à Versailles & de les surprendre tous deux dans le lit, il le crut & le laissa au logis pour l'avertir

tir quand il feroit tems de revenir fur fes pas. Sa femme
le croiant parti de bonne foi a-
vertit la Baziniere qu'il pouvoit
venir en toute feureté ; mais
à peine lui avoit - il fait
le premier compliment que
fon mari entra le piftolet à la
main & lepée de l'autre fuivi de
deux de fes domeftiques & fans
donner le tems de lui faire aucune excufe, il le fit faifir & lier les
bras & les jambes aux quenouil-
les du lit. Pour ce qui eft de la
femme il lui dit de fe retirer dans
une autre chambre , & qu'ils
conteroient enfemble un autre
fois.

La baziniere étant pris de la
maniere que je viens de dire im-
ploroit fa mifericorde pleurant
& gemiffant comme une femme; mais fa fraieur qui étoit
déja bien grande eut lieu d'augmenter par un inftrument qu'il
lui

lui vit tirer de sa poche, il sortit
un razoir qui lui fit glacer le
sang dans les veines & qui lui fit
redoubler ses cris pour implorer
tout de nouveau sa misericorde;
mais lui sans se laiser toucher
non plus qu'un boureau qui donne la question, le prit par un
endroit qui n'est pas honéte à
nommer & le chatra. Il le
renvoia aprés cela chez lui dans
une chaise pendant qu'il prit le
chemin de Versailles pour aller
conter au Roi ce qu'il avoit fait
& pour lui en demander grace.
En effet il se doutoit bien que le
pauvre garçon n'étant pas chatré
de main d'ouvrier, n'en seroit
pas quitte pour être Eunuque
comme effectivement cela ariva.
Devant qu'il fut chez lui la fiévre
lui prit avec des convulsions & il
fut troussé en moins de vingt
quatre heures. Le Roi qui ne
va pas trop vite en besoigne lui
dit

dit qu'il étoit bon d'examiner la chose avant que de lui accorder ce qu'il demandoit, mais que si elle étoit comme il venoit de lui dire, il ne lui en ariveroit point de mal, qu'il lui donnoit en attendant la cour pour prison & qu'il eut à n'en point sortir.

Plusieurs cocus dont le nombre est encore plus grand là qu'ailleurs lui vinrent faire offre de service & admirerent sa prudence à l'egard de sa femme, il n'y eut que le Duc de Ventadour qui lui dit en écumant qu'il lui auroit passé son épée au travers du corps, surquoi un de la compagnie lui dit assés plaisement qu'il y auroit long-tems qu'il seroit veuf s'il avoit fait ce qu'il disoit. Cela pensa être cause de querelle, ce Duc n'étant pas fort endurant, ou pour mieux dire étant beaucoup hargneux, mais leurs amis communs s'é-

tant

tant melés de les accommoder,
on se remit à parler de la Dame,
laquelle aiant sû par un Billet
que lui envoia un de ses parens
que son mari ne songeoit pas à
pousser les choses plus loin, elle
s'aigrit à un point que quand il
ne lui seroit rien arivé elle n'auroit pas été plus hardie,

Cependant son mari fut bien-
tôt justiffié auprés du Roi, la Ba-
siniere aiant avoüé lui même
avant que de movrir qu'il n'a-
voit rien qu'il n'eut bien merité.
Il fut quelque tems sans la revoir, mais enfin étant jeune &
d'un temperament à ne se pouvoit passer de femme il recou-
cha avec elle comme si de rien
n'eut été. Ils ne parlerent non
plus du passé que s'ils en eussent
perdu tous deux la memoire &
cela aiant fait croire à cette femme que puis qu'il passoit cela elle
pouvoit tout faire impunément
elle

elle se remit sur les voies de la galanterie. Or aiant trouvé son oncle aussi à son gré que pas un des courtisans, elle pria Mr. l'Avocat Maître des Requétes qui étoit leur ami commun, par je ne sçais quel endroit, de lui vouloir ménager cette intrigue. En effet ce n'est pas sans raison que je dis que je ne puis concevoir comment il étoit de leurs amis ; car outre qu'il étoit beau-frere de Devins contre qui ils avoient tant plaidé, il avoit encore sollicité contr'eux hautement. Cependant comme il étoit homme à se fourer par tout & que d'ailleurs il avoit affaire à une maison qui oublioit facilement les injures, temoin la docilité du neveu pour sa femme, ils l'avoient veu comme s'il eut été de leurs amis, & la Dame qui lui fournissoit quelquefois une femme de chambre pour l'amuser, tandis qu'elle étoit avec quelque homme d'esprit, l'avoit mis sur le pied de tout faire pour elle.

Aussi ne lui eut-elle pas plutôt fait cette ouverture qu'il lui promit toute sorte de service; mais comme il étoit de ces gens qui font mistére de rien, il lui dit qu'il falloit lui donner le temps de vaincre le scrupule qu'un oncle pouvoit avoir à l'égard d'une niéce. La Dame se prit à rire à cette réponse, lui disant que pour un homme qui faisoit l'habile homme, il étoit bien mal informé de la carte, s'il ne sçavoit pas que le Comte couchoit avec Madame du Marais, avec Madame de Bron & avec Madame de la Ferriere, & que puis qu'il ne faisoit pas scrupule de coucher avec les deux sœurs & avec la femme du frere, à plus forte raison n'en feroit-il point pour une personne qui étoit dans un degré plus éloigné.

Cette raison étoit convain-
quan

quante, aussi n'auroit-il rien eu à
y repliquer s'il n'avoit eu quelque dessein. Il étoit devenu
amoureux de la Dame, mais sans
lui en oser rien dire, quoi que ce
qui lui étoit arivé dut lui faire
voir qu'il n'y avoit pas grand
façon à faire avec elle. Ainsi
s'étant mis en tête de se servir de
cette occasion pour en arracher
des faveurs, il lui dit que ce qu'elle lui disoit étoit quelque chose
à la verité, mais que cela ne le
convainquoit pas. Qu'il falloit
qu'elle avoüat que les Dames
dont étoit question lui don-
noient de l'argent, ce qui servoit
beaucoup à vaincre ses scrupu-
les ; mais que pour elle qui n'en
avoit point à lui donner, il falloit
lui ôter tout sujet de faire la
moindre difficulté ; d'ailleurs si
elle ne seroit pas bien aise de faire ses affaires sans qu'il en sut
rien lui-même, ce qu'il pre-

            tend

tendoit faire pourveu qu'elle s'en volut repofer fur lui.

La Dame lui demanda comment il prétendoit faire cela, fur-quoi il lui dit une affés plaifante chofe. Il lui conta que le Comte, en lui parlant de Madame de Vins, lui avoit temoigné plus d'une fois qu'il la trouvoit bien faite, deforte qu'il croioit bien que s'il n'étoit pas mal avec fon mari, il lui en pouroit dire deux mots; qu'il vouloit le remettre tout exprés fur fon chapitre, & qu'aprés lui en avoir encore ouï dire du bien, comme cela ne pouvoit pas manquer d'ariver, il lui diroit qu'il y auroit une Dame qui le voudroit voir en combat particulier dans la chambre de lui qui parloit, qu'il croiroit affurément que ce feroit Madame de Vins, mais qu'au lieu d'elle, elle s'y trouveroit, & jouiroit tranquilement de fes

embarraſſements ſous la faveur
de l'obſcurité; qu'elle ne crain-
droit point alors n'y l'éclat n'y
la mediſance, puis qu'il n'y auroit
qu'eux deux qui le ſçauroient, &
qu'ils avoient autant d'intereſt
l'un que l'autre à le cacher.

La Dame ne ſoupçonnant
rien de ſon deſſein donna dans
le panneau & lui fit mille remercimens de ſon induſtrie. Cependant comme il n'étoit pas
bien aſſuré de ſes forces, il traina
la choſe pendant quelques jours,
afin que par une bonne nourritu-
re, il fut en état de lui rendre ſervice. Or aprés avoir pris pluſieurs
conſommés & tout ce qui eſt en
reputation de donner de la vigueur, il dit à la Dame qu'il avoit
pris jour avec ſon oncle, & que ce
ſeroit pour le lendemain ſur les
ſix heures du ſoir. Comme on
étoit en ce temps - la dans les
jours les plus cours de l'année

elle

elle se rendit chez lui une heure avant le temps, & s'étant couchée sans façon dans un vieux lit de velours rouge qui étoit son lit de parade, l'avocat qui l'avoit receuë, sortit faisant semblant d'aller au devant du Comte de Montreuel. Il mangea encore la une douzaine de truffe pour s'animer au combat; puis s'étant mis en robe de chambre comme s'il eut été le veritable combattant, il la fut trouver avec bonne intention, mais avec des forces qui n'y répondoient pas.

La Dame qui se connoissoit en homme aussi bien que femme de sa sorte, ne s'en fut pas plutôt approchée qu'elle reconnut la fourberie. En effet il y avoit toute sorte de difference entre un grand corps sec & où il n'y avoit nulle chaleur, & celui du Comte qui étoit gras, en bon point & toujours brulant comme un feu. D'ail-

D'ailleurs il y avoit encore quelque autre chose où une femme
ne sçauroit être trompée ; ainsi se
retirant avec autant de précipi-
tation qu'elle s'étoit jettée entre
ses bras, Ah ! traitre lui dit-elle
voilà donc le nœud de tant de
mistere, & j'ai été assés duppe
pour donner dans le panneau.
L'avocat n'étoit pas ordinairement heureux en repartie, &
l'inpromptu n'y la reflexion
n'étoient pas son affaire, mais
comme ceux qui font le plus
souvent l'objet de la risée des
autres ne laissent pas quelquefois
d'avoir de bonnes saillies, par
bleu Madame lui dit-il toute vôtre colere ne vient que de ce que
j'ai un endroit sur mon corps qui
ne vous plait pas, mais donnés
vous un peu de patiéce, peut-être
qu'avec le temps je ne ferai pas
si fort à méprifer. Il se rapprocha
d'elle en disant cela, mais ne lui

aiant

aiant encore fait sentir que des os pour toute dureté, elle se jetta hors du lit & lui aprés comme l'oiseau de proie sur la perdrix. Il la conjura d'avoir égard à son amour qui l'obligeoit d'avoir recours à cet artifice, & ne pouvant lui offrir de l'argent, parce qu'il n'en avoit point, il lui jura que dans les procés que son mari avoit encore contre son beau-frere, il la serviroit si utilement qu'elle ne seroit point fachée de lui avoir fait ce plaisir-là. Quel plaisir lui dit la Dame ,qui ne le voioit échauffé qu'en parolles, & qui ne s'appercevoit point qu'il fut plus en état de lui rendre service mieux qu'auparavant. Cependant il se mettoit si prés d'elle qu'elle l'auroit bien senti si cela eut été, & il sembloit qu'il la voulut étouffer entre ses bras: par bleu Madame lui dit-il j'enrage & je ne me suis jamais senti

de

de la sorte; mais remettez vous dans le lit & j'irai voir dans mon cabinet s'il n'y a point un certain livre de remedes qui m'en enseigne un pour me tirer de l'état ou je suis. Il vaudroit bien de l'argent reprit la Dame, qui ne se put empécher de rire de sa sottise, s'il guerissoit de l'impuissance dont vous étes atteint il y a long tems : j'en avois déja bien ouï parler & j'avouë que j'en croiois quelque chose à vôtre mine, mais je ne sçavois pas encore qu'elle fut au point où elle est.

En disant cela elle se deguerpit de ses bras, & aiant trouvé sa juppe elle commença à s'habiller si promptement, que quand il vint à se raprocher d'elle, il vit bien qu'il n'y avoit plus rien à faire. Elle lui demanda par grace de lui vouloir aller chercher une bougie pour achever

de

de s'habiler & l'étant allé querir
il ne songea pas à mettre sa peruque devant que de se montrer,
tellement qu'il fit peur à la Dame, tant qu'il étoit affreux.
Cependant comme il n'aimoit
point à être brouillé avec les
Dames il chercha à faire sa paix
avec elle avant que de la laisser
sortir; il lui dit que puis qu'il
étoit assés malheureux que nature l'eut ainsi abandonné au
besoin, il vouloit renoncer pour
toute sa vie à toutes les vanités
du monde mais non à rendre
service à son prochain, qu'il lui
promettoit de bonne foi cette
fois la qu'il feroit venir le lendemain le Comte de Montreuel, &
que puis qu'elle s'y connoissoit
s'y bien, elle trouveroit qu'il ne
la tromperoit pas.

La Dame s'étant extreme-
ment radoucie à ses promesses
ils commencerent à rentrer en

converſation. Il lui dit qu'en ſon jeune temps il avoit fait merveilles avec les Dames, & qu'il falloit bien que ce fut à cela qu'il s'étoit epuiſé. Il lui conta ainſi cent contes en lair dont elle étoit trop ſage pour en croire ſeulement la moité; mais l'eſperance du lendemain lui fit paſſer par deſſus toutes ſes folies, & ils ſe ſeparerent bons amis. Le lendemain matin il ſe leva d'aſſés bonne heure, & aiant trouvé ſon antichambre garnie de creanciers & de plaideurs: je reviens dans un moment leur dit-il, vous n'avez qu'à m'attendre & je ne vais qu'a trois pas d'ici. Les cranciers qui le connoiſſoient & à qui ce n'étoit pas là la premiere deſſaite qu'il avoit donnée, ne furent pas aſſés fous pour ſe fier à ſa parolle; ils s'en allerent, dont bien leur ariva, puis qu'il ne revint pas ſeulement diner au logis. Pour les autres aprés l'avoir longtems attendu & lui avoir ſouhaitté pluſieurs maledictions pour ſe mocquer ainſi deux, ils prirent à la fin le même parti.

En ſortant de chez lui, il avoit dit au cocher de toucher droit chez le Comte de Montreuel. Mais aiant trouvé en chemin la Chevalier fameuſe Mac... il fit arreter, & la fit monter dans ſon carroſſe. Elle lui dit qu'elle

                    al-

alloit chez lui, pour l'avertir qu'il étoit
debarqué tout nouvellement deux
provinciales l'une toute aussi belle que
l'autre , & que comme il n'y avoit
point de tems à perdre, elle le meneroit
chez elle, s'il vouloit à l'issuë du dîner,
qu'il choisiroit laquelle il voudroit
des deux & que pour l'autre elle avoit
un Marchand en main, Comme il
étoit garçon en diable, il lui dit qu'elle
ne se pressat pas tant, & qu'il feroit bien
aise de les entretenir toutes deux du
moins pour un tems, mais comme il
n'avoit point d'argent & que sans cela
il n'i avoit rien à faire, il s'avisa d'un
tour tout particulier. Ce fut de faire
arréter son carrosse par un creancier
supposé, de sorte qu'étant allé pleurer
auprés de sa mere qui avoit autant d'argent qu'il en avoit peu , elle lui donna
un sac de mille francs , moiennant un
billet qu'il lui fit de recevoir pareille
somme sur ses gages. Mais la bonne
femme toute fine qu'elle étoit s'en
trouva la duppe de toutes façons, puis
qu'outre que la dette étoit supposée, les
gages étoient cedés à d'autres long-
tems auparavant.

D'abord qu'il eut cet argent il ne
manqua pas au rendes-vous; il fut prendre la Mac. . . . . . jusques chez elle
sans

sans se mettre en peine si le voisinage
se scandalizeroit de voir le carrosse
d'un maitre des requêtes à une porte
comme celle-là. En effet on le dit à
Monsieur de Pomponne qui étoit son
beau frere, & comme c'étoit un homme
d'honneur il le trouva si mauvais qu'il
lui dit franchement que s'il vouloit
faire cette vie là, il ne lui feroit pas plaisir de porter ses couleurs comme il faisoit. Mais pour revenir au rendes-
vous, la Mac... le mena chez deux
vieilles p.... toutes deux assés jolies,
dont il y en avoit une qui étoit du Lan-
guedoc. Son accent qu'elle avoit encore tout entier fit croire au Magistrat
qu'elle étoit toute nouvellement de-
barquée, ainsi ne se souciant plus ni de
la niece de Montreuel ni de personne,
il se crut en état de se passer de toute
autre femme. Ce fut donc à celle-là
qu'il addressa ses vœux & sans se souvenir de la parolle qu'il avoit lachée
qu'il les garderoit bien toutes deux
pour un tems, il donna permission a la
Mac... de faire de l'autre tout ce qu'il
lui plairoit. Cependant la Demoiselle
faisant extrémement la farouche, se re-
tiroit une lieuë loin, quand il lui vouloit seulement toucher le bout du doigt

ce qui aiant achevé de le perſuader de
ſa vertu, il lui rendit pluſieurs viſites
avant que de la mettre en chambre.

Enfin y aiant conſenti, il lui loüa des
meubles chez un tapiſſier, & lui aiant
arrêté une maiſon au Fauxbourg St.
Germain, il la fut voir tout les jours, ſi
content de ſa fortune, qu'il diſoit à
tous ſes amis qu'il avoit trouvé un tre-
ſor ; mais qu'il ne le leur montreroit
pas de peur de le perdre. Cette occu-
pation lui fit negliger les affaires de la
niece de Montreüel, & lui étant allé dire le jour du rendes-vous, qu'il a-
voit été chez lui ſans le trouver, & lui
voulant encore donner de pareilles
deffaites les jours ſuivans, elle le remer-
cia de ſes ſoins & prit d'autres meſures.
Elle y trouva mieux ſon conte, & ſans
tant de miſtere elle eut toute ſorte de
contentement.

Cependant l'Avocat enchanté de ſa
belle Languedocienne faiſoit ſemblant
bien ſouvent d'aller coucher à Verſailles, pendant qu'il alloit paſer les nuits
chez elle, il lui demandoit à tous momens ſi elle ne lui feroit point un petit
enfant, & lui promettant qu'il feroit
mille choſes pour elle, ſi cela étoit, il lui
fit naitre l'envie de lui en donner à
gar-

garder la deſſus, comme elle faiſoit en tout le reſte. Elle fit d'abord ſemblant d'avoir des maux de cœur, puis aiant trouvé le ſecret de ne le point voir dans le temps qu'il pouvoit s'apper-cevoir de ſa fourberie, elle l'endormit ſi bien de ſa pretenduë groſſeſſe qu'il ne ſe ſentit pas de joie. Il rapporta trois procés qu'il y avoit dix ans qui étoient dans l'Etude de ſon Secretaire afin d'avoir de l'argent pour lui don-ner une juppe qu'elle vouloit avoir, & les pauvres plaideurs benirent mille fois ſon indigence & ſa foibleſſe qui les faiſoient ſortir d'affaire, lors qu'ils croioient en avoir pour toute leur vie.

Comme la belle ne ſe contentoit pas de lui, elle alloit voir quelquefois ſa bonne amie la Chevalier qui lui procuroit des pratiques ; mais comme cela eſt extremement dangereux ſur tout à Paris, où tout le monde eſt bien eloigné de joüir d'une parfaite ſanté, elle devint malade d'un certain mal qui fait que l'on a plus de beſoin du chirurgien que du medecin. Elle fut fort embarraſſée voiant cela, mais par bonheur pour elle l'avocat dont les ne-ceſſités ne venoient que de loin à loin,

aiant

aïant été quelque tems sans lui rien demander, elle eut celui de mettre une ruse en pratique, qui la tira d'affaire. Elle connoissoit le Duc de Ventadour, elle lui fit confidence de l'état où il étoit, & que s'il vouloit l'obliger il chercheroit à faire tomber l'avocat dans quelque faux pas, afin qu'elle lui pût attribuer le sujet de sa maladie. Le Duc qui étoit scelerat en diable quand il s'agissoit de faire piece à quelc'un, lui dit de mettre son esprit en repos, & étant allé à l'heure même chez une femme du metier de la Chevalier, il lui demanda la fille la mieux faite qu'elle eut & l'envoia le lendemain dans un carrosse de loüage à une lieüe au de la de Livri sur le grand chemin de Paris. Ce jour la même il fit une partie de chasse avec l'avocat du côté de la foret de bondi & s'étant détourné tout exprés, il l'emmena rafraichir dans l'hotellerie où la fille avoit mis pied à terre.

Elle avoit ordre de se montrer d'abord qu'elle entendroit des chevaux, ainsi le Duc ne l'eut pas plûtôt apperceüe que disant à l'Avocat qu'il la connoissoit ils s'en furent dans la chambre causer avec elle. Le Duc lui demanda

da par qu'elle avanture elle étoit là, &
lui aiant dit qu'elle alloit remonter en
carroffe pour aller encore à deux lieües
au de-là, au devant d'un de fes amis
qu'elle attendoit. Ma foi non fera reprit
le Duc tu n'iras pas & je refte ici pour
coucher avec toi. Il demanda à l'Avocat s'il n'avoit pas raifon & étant trop
complaifant pour l'en dédire ils fou-
perent enfemble & coucherent tous
trois. Le Duc commença le premier à
la careffer & aiant dit à l'Avocat de
faire la même chofe, il fit ce qu'il put
& en fit affés pour être la duppe de celle qui étoit à Paris, car il n'eut pas plutôt couché avec celle-ci que quelques
jours aprés, elle lui dit qu'elle ne fçavoit pas ce qu'elle avoit & qu'elle fe
trouvoit incommodée. l'Avocat qui
s'étoit apperçu auffi de quelque chofe
& qui l'attribuoit à fon avanture de la
chaffe lui demanda à voir ce que c'é-
toit, & aiant reconnu qu'ils avoient
befoin tous deux du Chirurgien il demeura fi confus qu'il n'eut pas le mot à
dire, la belle faifant toujours l'ignoran-
te le queftionnoit cependant; ce qui le
rendoit encore plus chagrin, croiant
que c'étoit un grand peché à lui d'a-
voir gaté une fille fi fage.

En-

Enfin il fut obligé de lui dire en mots
couverts ce que c'étoit, & comme elle avoit les pleurs à commandement,
elle feignit d'être si fort affligée qu'il
craignit qu'elle ne tombât dans le desespoir. Il lui dit tout ce qu'il crut capable de la consoler; s'excusant sur le Duc
de Ventadour, & lui promit que cela ne
lui ariveroit plus. Mais elle qui ne
croioit pas qu'elle lui dût pardonner si
tôt faignant toujours la même affli-
ction, continua dans ses gemissemens
& lui fit mille reproches. A la fin
croiant en avoir assés fait, elle lui promit de prendre les remedes necessaires
pour sa guerison, & lui de son coté pour
reconnoissance de ce qu'elle vouloit
bien oublier le passé, lui promit un habit doré au premier argent, qu'il rece-
vroit. Ce fut ainsi que la paix se fit entr'eux, aprés quoi il n'eut plus d'autre
inquiétude que celle que les remedes
qu'il lui faudroit prendre ne nuisissent à
sa pretenduë grossesse qui duroit toujours: il recommanda donc bien au Chirurgien de prendre garde à ne lui rien
donner qui lui pût faire mal, s'accu-
sant avec une ingenuité sans pareille
de n'être pas digne de vivre aprés l'infidelité qu'il lui avoit faite.

Com-

Comme le mal n'étoit pas des plus
da ngereux ils se tirerent d'affaire en
un mois de tems, & la pretenduë grof-
seffe subsista toujours dans son imagi-
nation, nonobstant que le chirurgien
lui eut dit qu'il n'y en avoit point
ou qu'il étoit bien trompé ; il le
traita d'ignorant & de visionnaire ce
qui augmentant la hardiesse de la Languedocienne, elle se grossit le ventre
avec des linges, ce qui à la verité étoit
bien capable d'imposer pendant le
jour, mais qui ne servoit pas de grand
chose quand la nuit étoit venuë.
Cependant comme elle commençoit
à connoître le personnage & qu'elle
scavoit qu'il n'etoit pas grand sorcier,
elle lui fit accroire ce qu'elle voulut,
& le mena jusques à la fin de son terme. D'abord que le tems en appro-
cha, elle se pourveut d'un enfant
nouveau né, & feignant d'être tout
jours malade, elle se trouva de livrée
tout d'un coup, un jour qu'il la vint
voir au retour du pallais. Il chanta
Victoire apprenant cette bonne nouvelle, & comme elle avoit fait quel
enfant elle avoit voulu, sa joie fut encore plus grande quand il sut que
c'étoit un garçon. Il n'osa pourtant le

faire

faire baptiser sous son nom, à cause de Mr. de Pompoune qu'il craignoit: ce qui lui fut d'une grande mortification, parce qu'il étoit bien aise de faire connoître à plusieurs femmes avec qui il étoit demeuré en deffaut comme avec la niéce du Comte de Montreuel, qu'il n'étoit pourtant pas impuissant.

L'enfant qui étoit celui de la femme d'un soldat aux gardes fut rendu à la mere, bien qu'on lui fit accroire qu'elle n'en étoit que la nourice; la Languedocienne en tira cependant deux pistolles par mois, & toute la precaution qu'il faloit qu'elle eut c'est que quand le pere pretendu vouloit le voir, elle lui envoioit dire de le lui apporter, & de le faire le plus propre qu'il lui seroit possible, elle lui avoit donné des hardes pour cela qui avoient couté bon au pere putatif; mais à la fin toutes ces allées & venuës aiant deplû au soldat aux gardes, & commençant à se mettre en tête qu'il y avoit du mistere à tout cela, parce que sa femme étoit assez jolie, il fut, un jour qu'il avoit bû, chez la Languedocienne, où malheureusement pour elle étoit l'Avocat, & lui dit qu'elle n'envoia plus chercher sa femme & son en-
faat

fant, sinon qu'il viendroit faire ravage chez elle : que si elle vouloit vivre dans la débauche elle étoit maîtresse de son corps, mais qu'il l'empêcheroit bien de débaucher les autres. Elle voulut le traiter d'yvrogne pour empêcher que l'Avocat ne vît clair ; mais le soldat qui n'entendoit point de raillerie, si j'ai bû, lui dit-il, je ne suis pas encore assez saoul pour perdre la raison ; mais vous n'avez qu'à y revenir & vous verrez ce qui vous en arrivera.

Quoi qu'il dit ces paroles d'un sens fort rassis, l'Avocat donna dans le panneau de la Languedocienne qui continuoit de dire que c'étoit un yvrogne ; mais le soldat s'en étant allé, il conclut qu'il falloit chercher une autre nourice & retirer leur enfant. Elle s'y opposa sous pretexte qu'étant bien, il falloit plutôt y avoir égard qu'à tout le reste, & comme les femmes n'ont que trop de pouvoir sur l'esprit des hommes, il consentit encore à tout ce qu'elle voulut. Cependant comme il n'étoit pas bien-aise qu'elle fut exposée à une nouvelle algarade, il envoia chercher le soldat deux ou trois jours après sans leur en rien dire, afin

de lui laver la tête comme il faut. Le
soldat aiant été introduit au chevet de
son lit, il lui demanda s'il avoit mis
de l'eau à son vin depuis le dernier
jour, que si c'étoit qu'il ne fût pas
content de deux pistolles par mois, qui
étoit pourtant une somme assez rai-
sonnable, il n'avoit qu'à le dire, mais
que de venir faire le fou & l'extravaguant comme il avoit fait, c'est ce
qu'il ne vouloit pas souffrir.

Le soldat qui n'étoit pas sot lui donna le temps de parler sans l'interrom-
pre, mais voiant qu'il avoit achevé, il
lui dit qu'il ne lui diroit pas, comme il
venoit de lui faire à lui, qu'il étoit bien
fou & bien extravaguant, mais qu'il
étoit bien simple & bien credule: que
l'enfant, que sa maîtresse disoit être à
lui, ne lui appartenoit pas, que c'étoit
l'enfant de sa femme & le sien, qu'il
étoit temps de mettre fin à cette mom-
merie, qu'il avoit souffert ce badinage
pendant un temps, croiant qu'il ne seroit pas de longue durée ; mais enfin
que commençant à s'en ennuier il lui
diroit franchement qu'il n'en devoit
pas être la duppe plus long-temps:
que qui lui faisoit accroire ces sortes
de choses étoit bien capable de lui en
faire

faire accroire d'autres : que quoi qu'il ne fut que soldat, & qu'en cette qualité on ne dut pas avoir grande estime pour lui, il avoit neanmoins assez d'experience du monde, pour sçavoir toutes les fourberies qui s'y faisoient; qu'il ne lui en disoit pas davantage, mais que c'étoit à lui à en faire son profit.

Ces paroles lui firent ouvrir les yeux lors qu'ils étoient fermés d'une maniere qu'on pouvoit dire qu'il étoit aveugle. Cependant pour plus grande mortification le Duc de Ventadour, qui avoit quelque sujet de se plaindre d'elle, lui dit confidement le même jour qu'il devoit s'en défaire, & qu'il ne falloit plus finasser avec lui. Il lui avoüa en même temps comment c'étoit elle qui lui avoit suggeré la partie de chasse où il étoit devenu malade, & lui aiant dit aussi comment c'étoit une des éléves de la Chevalier, qu'elle lui avoit fait passer neanmoins pour une vestalle, il l'anima tellement contre l'une & contre l'autre, qu'il resolut de ne le leur jamais pardonner. Il s'en fut du même pas chez le tapissier qui lui avoit loüé les meubles, & & lui dit de les aller reprendre. Qui

fut bien surprise, ce fut la Languedocienne, qui ne sût d'abord ce que
cela vouloit dire ; mais l'Avocat sur-
venant dans le même inſtant lui ex-
pliqua cet énigme. Il la rendit ſi con-
fuſe que quoi que ces ſortes de gens-
là ſoient naturellement effrontées, elle n'oſa dire une ſeule parole ; il eſt
vrai qu'il avoit commencé d'abord à la
menacer du Commiſſaire, qui eſt un
terme pour elles, qui a coutume de
leur imprimer beaucoup de reſpect.

Aiant fait ainſi maiſon nette, il s'en
fut chez la Chevalier, où il fit encore
plus de bruit, mais comme elle lui fit
quelque réponſe qui ne lui plut pas, il
ſe mit à courir aprés elle. Cependant
en paſſant d'une chambre à l'autre, il
accrocha ſa robe du palais à un clou
qui étoit à la porte & la dechira. Cela
ne fit que le mettre davantage en colé-
re, & comme il vouloit uſer de main
miſe ſur elle, il la pourſuivit de chambre en chambre, elle ſe ſervit des ſie-
ges & de tout ce qu'elle trouva ſous ſa
main pour l'arrêter, & les aiant jettés
ſur ſon paſſage, ſa robe s'y accrocha
tout de nouveau & le fit culbuter lui
d'un côté, ſon chapeau & ſa peruque
de l'autre.

Pen-

Pendant que tout cela se passoit, des gens qui se divertissoient dans un appartement au dessous entendant tant de bruit, montérent en haut pour voir ce que c'étoit, ils crurent à la robe de l'Avocat que c'étoit un Commissaire; & comme naturellement on n'a pas grande amitié pour eux, deux ou trois lui tomberent sur le corps, & le gourmerent de bonne façon. Les filles voiant aussi qu'il n'avoit personne à sa suite qui put rendre témoignage contr'elles, vinrent à la charge, & lui donnerent force coups de poing. Sa robe & son rabat furent mis en mille pieces, & il se trouva enfin si maltraité, qu'il fut obligé d'implorer la misericorde de la Chevalier. Il pria qu'on la fit revenir, & elle fut fort lui prise de le trouver en l'état que je viens de dire. Elle dit à ceux qui l'avoient ainsi maltraité, qu'ils avoient eu grand tort de le prendre pour un Commissaire, que c'étoit un maître des requêtes, & encore qui étoit beau-frere de Mr. de Pomponne, & du Marquis de Vins. Un mousquetaire qui ne faisoit que d'arriver, & qui n'avoit pas frappé comme les autres, entendant parler de ce Marquis qui étoit son Sous-Lieutenant, dit qu'en effet cela n'én'étoit pas bien, & lui fit offre de ſervice. Cela raſſura un peu le pauvre battu, & aiant reçû des excuſes de la plûpart, il leur pardonna à tous tant qu'ils étoient, parce qu'ils lui diſoient que c'étoit une mépriſe. La Chevalier lui fit auſſi compliment, mais aiant été curieuſe de ſçavoir pourquoi il étoit ainſi venu chez elle pour la maltraiter, comme il lui en eut dit le ſujet, elle ſe prit à rire, lui demandant s'il ne falloit pas que chacuu vécut de ſon métier. Elle s'enquit enſuite de lui s'il n'avoit jamais menti à ceux qui avoient quelque procés devant lui, ſur quoi lui aiant répondu que cela lui étoit arrivé plus de mille fois, eh bien lui dit - elle ? pourquoi ne voulez vous pas que les autres faſſent comme vous.

Ce fut toute la raiſon qu'il en put avoir. Cependant afin qu'il ne manqua rien à leur raccommodement, elle le pria à diner aux dépens de toute la compagnie qui vouloit bien bourſiller pour cela. Le dîner ne fut pas des plus magnifiques, parce qu'elle étoit menagere & qu'elle étoit bien - aiſe de mettre quelque choſe en poche de ce qu'on lui avoit donné, mais en recompenſe elle y fit venir quatre ou
cinq

cinq filles qui étoient fort jolies & qui
avoient le mot pour rire , il y en eut
une qui lui demanda quelle âge il
avoit , fur-quoi il rompit les chiens,
n'étant pas bien-aife qu'on le fît reflou-
venir de fi loin : pour moi , reprit-el-
le, je n'ai pas tant de delicateffe , &
telle que vous me voiez nous avons
fait apprentiffage enfemble , vôtre
Languedocienne & moi chez la Cor-
nu il y a plus de quinze ans. Nous fu-
mes enfuite de compagnie chez Janot
devant la porte de la Charité , d'où
nous fortîmes faines & fauves , graces à Dieu, quoi que nous y fuffions
entrées bien chetives & bien malin-
gres.

La Chevalier fut fachée qu'elle en
eut tant dit , voiant qu'il y avoit un
peu de malice à fon fait. Effectivement ce n'étoit que pour lui faire voir
que ce qu'il avoit eftimé pour une
bonne fortune étoit bien éloigné de
l'être, mais comme il étoit dans un
endroit où il avoit la franche lipée, &
que dans ces fortes de lieux-là il avoit
fait ferment d'étre toujours de belle
humeur, il n'en perdit pas un coup de
dent. Cependant il donna ordre qu'on
lui allat chercher un autre rabat avec
un manteau ; ne pouvant pas fortir en

 l'él'état où il étoit. Voilà comment finit l'avanture de ce magiftrat, & comme elle a interrompu celles du Comte de Montreuel. Il eft bon d'y revenir.

L'intrigue qu'il eut avec fa niece ne dura pas long-temps parce qu'elle n'avoit point d'argent à lui donner, & il aima mieux s'en tenir à Madame de Chamilli, & à la fille & à la bruë de Berrier. Mais comme je n'ai pas dit de quelle maniere il avoit fçû que c'étoit la Marquife de Bron qui lui avoit donné rendez-vous, il n'eft pas hors de propos que j'en dife un mot ici. Un jour qu'elle étoit dans les Thuilleries avec la même bourgeoife chez qui elle s'étoit trouvée, le valet de chambre avec qui elle avoit eu affaire paffà, & la bourgeoife le prenant toujours pour le Comte de Montreuel, parce qu'il étoit extrémement propre, le lui fit remarquer, croiant lui faire plaifir. La Marquife qui ne le connoiffoit pas lui demanda ce qu'elle vouloit dire par là, fur quoi elle lui répondit fans façon, fi l'on pouvoit méconnoitre un homme avec qui l'on avoit paffé de fi doux momens. Ces paroles qui étoient un énigme pour elle aiant eu befoin d'explication, la Marquife fût qu'elle vouloit dire que c'étoit le
Com-

Comte de Montreuel. Cela la ſurprit, elle qui ſçavoit bien que ce ne l'étoit pas, mais afin qu'elle ne ſe pût pas méprendre une autre fois, elle la pria de bien remarquer l'homme dont il s'agiſſoit, & aprés l'avoir paſſé en revûë deux ou trois fois, la Marquiſe écrivit un billet au Comte pareil à celui qu'elle lui avoit déja écrit. Comme il n'avoit pas d'affaire ce jour-là, il n'eut que faire de Procureur pour aller à ſa place au rendez-vous. Il trouva toutes les apparences de miſtere que ſon valet de chambre avoit trouvées, mais la Dame qui ne vouloit pas être trompée une ſeconde fois, avoit ordonné à la bourgeoiſe de ne lui donner le temps que de ſe coucher & de lui apporter de la lumiere. Elles virent là toutes deux le Comte de Montreuel en original, mais l'une étant beaucoup plus incredule que l'autre, & ſe reſſouvenant de la comedie d'Amphitrion, qu'elle avoit vû joüer il n'y avoit pas long-temps, lui demanda qui étoit le veritable, ou de lui ou de celui qui avoit couché avec la Marquiſe la premiere fois. Comme il étoit effronté ni plus ni moins qu'un page de Cour, il traita de viſion tout ce qu'elle lui diſoit. La Marquiſe en eut la même opinion, & enfin elle ſe trou-

G 3

va

va ſi-bien des deux Amphitrions qu'elle les prit tous deux pour le veritable.
Elle entretint ce commerce tant qu'elle eut de l'argent & qu'elle put voler
ſon mari, ce qui deplaiſoit fort à ſa bel-
le-ſœur qui en eut le vent, & qui voioit
que cela diminuoit ſa pitance.

Madame de Chamilli ne trouvoit
pas auſſi cela trop bon, elle qui lui avoit
fait tant de bien, & qui lui en faiſoit encore tous les jours. Enfin ne pouvant
plus ſouffrir ſon ingratitude, elle reſo-
lut de ne lui plus rien donner, à moins
qu'il ne devint plus ſage. Et de fait, un
mois s'étant paſſé ſans qu'il en receut
les ſubſides ordinaires, ſa bourſe commença à ſe deſenfler. Cependant comme il ne vîvoit qu'au jour la journée,
il fut bientôt obligé d'implorer ſa miſe-
ricorde, elle ſe tint fiere, lui reprocha
ſes infidelités, & comment pour l'a-
mour de lui elle quittoit le ſoin de ſa
famille, & ruinoit ſes affaires : qu'elle
n'oſoit aller en Normandie, de peur de
l'abandonner à ſa conduite : qu'il n'a-
voit des yeux que pour la famille de
Berier ſans ſe reſſouvenir de ſes an-
ciennes amies : qu'elle s'étoit endettée
neanmoins pour lui tant qu'elle avoit
eu credit : qu'elle feroit encore toute
prête à le faire, mais qu'il faudroit qu'elle

le fut auffi aveugle qu'il étoit mécon-
noiffant : qu'elle ne lui parloit point de
l'époufer, comme il le lui avoit promis
plufieurs fois : que fi elle avoit de la
peine à fouffrir un amant volage, cela
ne lui en feroit pas moins de fa part
d'un mari : qu'elle le quittoit donc
non-feulement de fes promeffes, mais
encore de la voir jamais : qu'elle par-
tiroit au premier jour pour s'en aller
chez elle, & pour pleurer toute fa vie la
faute qu'elle avoit faite de l'aimer.

De tous ces reproches rien ne le tou-
cha tant que le defordre où elle difoit
qu'étoient fes affaires : il lui fembla
que c'étoit là l'effentiel pour lui. Car
pour le refte il ne s'en mettoit gueres
en peine, fçachant bien qu'avec la
moindre carreffe il viendroit à bout de
tout. Et à la verité il ne lui eut pas plutôt promis qu'il vouloit vivre d'orefen-
avant d'une autre maniere, qu'elle mit
tout chagrin fous le pied. Elle le retint
à coucher chez elle, & aiant emprunté
à toutes mains, elle le fit encore fub-
fifter avec le même éclat qu'il faifoit.
Cependant les creanciers qu'elle avoit
faits, il y avoit déja quelque temps
voiant qu'il ne venoit point d'argent,
de Normandie, ni d'ailleurs, quoi qu'il
y eut long-temps qu'elle leur en pro-

G 4 mit.

mit, il s’en trouva un d’affez méchante
humeur pour lui faire arrêter fon carroffe comme elle étoit aux Jefuites.
L’éclat que cela fit dans Paris & parmi
les gens de qualité fut grand, & comme l’on fçavoit qu’elle ne faifoit point
de dépenfe pour elle ni pour les enfans,
on fut curieux de fçavoir à quoi elle
confumoit tant de bien. On foupçon-
na en même temps que Montreuel en
étoit caufe, & Mademoifelle de Fiennes qui continuoit de le voir, & qui
étoit bien-aife de donner cette mortification à fa rivale, prit foin de le publier. Elle en eut tant de chagrin comme auffi de l’affront qui lui étoit arrivé,
qu’elle partit auffi-tôt pour Normandie, aprés toutefois être convenu avec
lui qu’ils s’aimeroient éternellement.
Elle lui demanda en grace de fouffrir
que fes amies diffent dans le monde
que s’il s’étoit paffé quelque chofe entr’eux, où il y avoit un mariage de con-
fcience, ou des promeffes fi fortes de
s’époufer, qu’elles ne fe pouvoient rom-
pre. Il confentit à tout ce qu’elle voulut, moiennant qu’elle fe fouvint de
lui envoier de l’argent. Mais comme il
n’y a rien de fi ordinaire que d’oublier
les abfens, il n’en eut des nouvelles
que pendant deux ou trois mois, aprés
lef-

lesquels elle prit pour pretexte que lui
étant plus infidele que jamais, elle n'é-
toit pas obligée d'achever de se ruiner
pour l'amour de lui.

Comme Paris est un fameux theatre
où l'on ne manque jamais d'acteurs
pour la comedie, la femme d'un homme d'affaire qui avoit oui parler de leur
intrigue, & qui étoit devenu amoureu-
se de lui sur le portrait qu'on lui en a-
voit fait, s'avisa de lui écrire cette lettre.

*IL y a long-temps que j'entends parler de
vous & que je meurs d'envie de vous
connoître. J'aurois bien fait de ne pas
attendre si tard, puis que j'approche déja
de trente cinq ans, & que quelques années
de moins ne sient pas mal à une femme.
En recompence j'ai de l'argent, ce qui repa-
re bien des deffauts dans le tems ou nous
sommes. Cependant je vous dirai entre
nous que mon mari qui est un homme d'affaire m'a appris depuis que je suis avec lui
à ne le donner qu'à bonnes enseignes. Ne
croiez donc pas l'avoir sans que je ne sache
bien comment, je ne suis pas femme à me
contenter de vos reverences, & il me faut
quelque chose de plus reel, d'ailleurs je
sçais l'histoire de Madame de Chamilli, ce
qui suffit pour me rendre sage quand je ne
la serois pas naturellement. Je veux donc
que nous convenions ensemble, sous qu'elles*

con-

conditions nous nous aimerons. Nous en passerons un écrit, & je pretends que nous serons obligés l'un & l'autre de nous y tenir. Si le parti vous plait trouvez vous tantôt aux Tuilleries nous parlerons d'affaire; vous me reconnoîtrez aux plus belles pierreriez qu'il y aura & j'en aurai bien pour cinquante mille écus.

Cette lettre plut infiniment à Montreuel; sur tout les marques qu'elle lui donnoit pour la reconnoître. Ainsi n'aiant point d'autre impatience que de voir arriver l'heure de la promenade, il se regarda cent fois dans le miroir afin de ne pas manquer le dessein qu'il faisoit déja sur les pierreries. L'heure tant desirée étant venuë il trouva la Dame dans la grande allée, avec une de ses amies qu'elle avoit rencontrée, mais qu'elle eut été bien aisé déviter. Il l'aborda ne doutant point que ce ne fut elle à la magnificence où elle étoit. L'amie vit bien que c'étoit un rendez-vous, & ne voulant pas être incom-mode elle les quitta un moment aprés. Montreuel étant alors en liberté se mit sur son bien dire, & quoi que naturelle-ment il ne manquat pas par la langue, il eut encore cent fois plus d'esprit qu'a l'ordinaire, parce qu'il y avoit quelque chose qui l'animoit. La Dame fut char-

mée

mée de fa converfation & il y a appa-
rence que s'ils euffent été dans un autre, lieu elle auroit demandé à être encore charmée d'autre chofe. Mais la
bienféance voulant qu'elle fe retint, elle
lui dit qu'il étoit inutile de lui faire tant
de complimens & que ce n'étoit pas
pour cela qu'elle étoit venuë : qu'il
fçavoit ce qu'elle lui avoit écrit, qu'il
s'agiffoit donc de fondre la glace.
Montreuel fit fort le foumis & encore
plus le galant ; il lui dit qu'il étoit tout
prêt de fe foumettre à toutes les conditions qu'elle lui voudroit impofer.
Mais qu'il lui fembloit que toute char-
mante comme elle étoit, elle fe feroit
tort fi elle fe deffioit de la conftance
d'un amant : qu'il faudroit qu'il fut non-
feulement de mauvais gout pour la qui-
ter pour un autre, mais encore tout à fait
aveugle. Que pour lui il étoit feur que fa
conduite le mettroit toujours à couvert
de ce reproche, qu'elle n'avoit qu'à en
faire l'experience & qu'il efperoit qu'elle lui rendroit juftice aprés cela.

La Dame qui n'étoit pas fi duppe
qu'il croioit ne s'étant pas contentée
de ces paroles, lui fit réponfe qu'il avoit
peut être dit à mille autres ; ce qu'il lui
difoit prefentement ; c'eft pourquoi il ne
devoit pas trouver mauvais fi elle ne
s'y

s'y arretoit pas. Elle lui avoit mandé
qu'elles étoient ses intentions là-dessus,
& qu'elle ne pretendoit pas relâcher,
qu'aussi afin que leur amitié fut plus sta-
ble, elle en avoit mis toutes les conditions par écrit, qu'elle les lui donneroit
avant que de le quitter : qu'il auroit toute
la nuit pour y faire refflexion c'est pourquoi il suffiroit qu'il lui en rendit reponse le lendemain. Il voulut se deffendre de rien voir, disant qu'il étoit prêt de
faire tout ce qu'il lui plairoit sans rien
examiner ; mais la Dame aiant persisté
dans sa premiere proposition, ils firent encore plusieurs tours d'allées
s'entretenant toujours de leurs affaires,
jusques à ce que la nuit qui approchoit
les obligea de s'en aller. Il vouloit
la reconduire, mais elle ne le voulut
pas souffrir, lui disant d'aller lire son papier qu'elle lui donna à l'heure même.

L'impatience qu'il en avoit, fit qu'il
n'insista que mediocrement à lui rendre cette civilité, & s'en étant allé
chez lui avec toute la diligence possible,
il vit qu'il contenoit ce que voici.

Conditions sous lesqu'elles nous
sommes convenus Mr. le Comte de
Montreuel & moi de nous aimer.

COmme il n'y a rien de plus propre
à entretenir la bonne amitié que la con-
fiance,

fiance, & que ce qui la détruit ordinairement est la jalousie qui est pire que la peste
pour les amans; après avoir meurement
examiné comment s'assurer de l'un, & se
mettre à couvert de l'autre. Nous n'avons
rien trouvé de plus propre que ce qui s'en-
suit. C'est à savoir que moi Comte de Montreuel promets à Madame de . . . de ne faire
caresse qu'à elle seule. C'est pourquoi je con-
sens qu'elle ne me donne jamais d'argent à
moins que je ne lui aie donné des preuves es-
sentieles de mon amitié. Et afin que je les
reitere souvent elle a trouvé à propos de ne
me recompenser que selon qu'elles seront
plus ou moins frequentes. Ainsi pour la premiere elle me donnera trois pistolles, six
pour la seconde, douze pour la troisieme, &
ainsi toujours le double lors que dans un même jour ou dans une même nuit: je m'effor-
cerai de lui témoigner combien je l'aime vé-
ritablement. Ce present traité sera entretenu
par les parties au moins un an tout entier,
& en cas que l'une ou l'autre s'en voulut dédire il sera obligé de payer deux mille écus
contant à quoi il sera contraint par toutes
voies dues & raisonnables; l'année finie il
sera renouvellé si bon leur semble, sinon elles
se pourvoiront comme elles aviseront bon ê-
tre. Fait & arrêté double entre les parties
le . . . jour d'Avril 1684.

Montreuel ne put s'empécher de relire ce
traité, tant il trouva que celle qui l'avoit
dressé étoit de bon sens. Cependant après a-
voir donné quelques momens a y faire reflexion il conta quel benefice il en pouroit reti-

rer, & il trouva tout bien calculé qu'il se pouvoit faire un gros revenu. En effet il y avoit eu des jours en sa vie qu'il auroit gagné cent soixante & cinq pistolles à ce marché là, ainsi il eut encore assés bonne opinion de lui-même pour croire que pourveu qu'il put durer un an, il ne pouvoit jamais mourir pauvre. Il signa donc ce traité avec une extréme satisfaction, & toute son inquiétude ne fut plus que de sçavoir, si elle avoit dequoi repondre des conditions qui y étoient portées.

Ils étoient convenus qu'ils se reveroient où il s'étoient veus la veille, ainsi l'heure du rendez-vous lui tardant encore extrémement, comme il étoit à se promener dans sa chambre il receut un billet de la femme d'un Président avec qui il avoit mangé, il y avoit deux ou trois jours, & qui vouloit avoir aussi une heure ou deux de son tems, mais comme il craignoit que cela ne fit prejudice au dessein qu'il avoit sur les pierreries & qu'il avoit évalvées l'une aprés l'autre pour voir combien il seroit de temps à les gaigner, il prit le parti de lui écrire cette lettre de remerciment.

Si lorsque j'eus l'honneur de vous voir vous m'eussiez fait connoitre les sentimens que vous aviez pour moi, je vous trouvois assés belle & assés bien faite pour me faire un plaisir d'être bien avec vous, mais maintenant j'ai les mains liées, & je viens de signer un traité avec une Dame à qui je ne puis être infidele sans faire un tort tout extraordinaire à ma fortune. Vous sçavez que

*je suis Cadet & encore d'une maison dont
l'aîné n'est pas trop riche, desorte qu'aiant
besoin de bien, je dois profiter de l'occasion
quand je la trouve. Je ne vous en dirai pas
d'avantage, mais je vous prie de croire que
si je vous pouvois voir sans qu'il m'en coutât
cinq ou six cent pistolles, je le ferois de tout
mon cœur.*

Ce refus qui ne lui étoit pas ordinaire
l'aiant confirmé dans la pensée où il étoit
que la Dame qu'il alloit trouver étoit une
habile femme, il eut encore plus d'empref-
sement de se trouver aux mains avec elle.
Cela le fit partir une heure plutôt qu'il ne
falloit de chez lui, & l'étant promené tout
ce temps-là sans vouloir aborder personne,
enfin elle vint, & le tira d'inquiétude. Il ne
lui donna pas le temps de lui demander ce
qu'il disoit du traité, & il le lui présenta
avec sa paraphe, elle lui dit que cela étoit
bien, & qu'il n'avoit qu'à venir chez elle, &
qu'elle le signeroit en sa presence, ils mon-
terent donc en carrosse ensemble, & étant
arrivés elle le mena dans son cabinet où il y
avoit du papier & de l'ancre, & où il y avoit
aussi un lit de repos, Ils commencerent là à
executer le traité, & dans deux heures de
temps il gagna quatre-vingt seize pistolles,
Il avoit bien envie d'en gagner davantage,
& il étoit tellemeut animé par un coffre
fort qu'elle lui avoit fait voir tout plein de
pieces de quatre pistolles qu'il le devoroit
déja dans son cœur, mais étant survenu
compagnie il fallut qu'il se contenta pour
cette fois-là. Il revint le lendemain à la
char-

charge comme auſſi tous les jours ſuivans, ce qui plaiſoit tellement à la Dame, qu'elle ne ſe ſentit pas de joie.

Ce petit commerce dura trois mois, pendant leſquels il opera ſi-bien qu'il en eut pour le moins vingt-mille écus, mais le mari par malheur étant venu à regarder dans le coffre fort, & y aiant trouvé à redire une telle ſomme, il voulut ſçavoir ce que ſa femme en avoit fait, n'y aiant que lui & elle qui en euſſent la clef. Elle voulut nier qu'elle y eut rien pris, mais l'homme qui n'étoit pas duppe naturellement, quoi que par le bon plaiſir de ſa femme il le fut devenu ſans le vouloir être, l'enferma dans une chambre aprés lui avoir pris toutes les clefs pour voir s'il ne reconnoîtroit point par quelque billet ce que ſon argent étoit devenu. Il ne chercha pas long temps ſans trouver le traité dont j'ai parlé ci deſſus, & n'en vouloit pas voir davantage, il ne fut plus en peine que de ſçavoir comment il en devoit uſer avec elle. Mais aprés avoir tout bien conſideré, il crut que le moin d'éclat qu'il pourroit faire ſeroit le mieux; c'eſt pourquoi il ſe contenta de l'envoier dans une maiſon de campagne, où il lui donna des gens pour l'obſerver.

Montreuel fut d'autant plus en peine de ſçavoir ce qu'elle étoit devenuë, qu'il étoit amoureux du coffre fort, & qu'il ne le put voir. Cependant elle trouva le moien de lui faire ſçavoir ſa diſgrace, tellement que voiant qu'il n'y avoit plus rien à faire avec elle, il fut obligé de chercher parti ailleurs,

F I N.